김부장,
재취업
성공의
비밀

다시 현역으로 첫발을 내딛다!

김부장, 재취업 성공의 비밀

김영희 지음

위즈덤하우스

이 시대
모든 아버지들에게!

유난히 추웠던 12월의 어느 날, 모 방송국 9시 뉴스에서 중장년 직장인들의 애환을 담은 장면을 우연히 본 적이 있다. 12월 추운 겨울, 길거리를 배회하는 직장인들의 입가에는 하얀 입김이 담배연기 뿜어내듯 허공에 날리고, 술집을 나온 무리들은 2차, 3차를 향해 어디론가 이동을 한다. 술에 취한 넥타이맨 한두 명은 인사불성 상태로 도로 주변에 주저앉은 모습이다. 바로 그때, 한 중년 남성이 급하게 택시를 잡더니 나이가 비슷해 보이는 다른 중년 남자를 태우고, 출발하는 택시를 향해 90도 각도로 인사를 한다. 지금도 회식 후 길거리에서 종종 볼 수 있는 이러한 모습들이 아직도 기억에 생생히 남는 것은 단지 나의 직업의식 때문일까?

현재 대한민국을 살아가는 직장인들은 연말이 다가올 때마다 승진과 퇴직, 구조조정 등으로 몸살을 앓는다. 그중에서도 늘 조마조마한 마음으로 연말을 맞이하는 이들은 베이비붐세대다. 베이비붐세대 713만 명 중 임금근로자는 약 311만 명으로 앞으로 10년 동안 해마다 30~40만 명은 은퇴나 퇴직에 합류할 것으로 예상하고 있다. 현장에서 중장년 취업을 함께 고민하고 돕고 있던 터라 이 분야에 종사하는 주위 동료와 후배들로부터 베이비붐세대를 위한 책을 써달라는 권유를 줄기차게 받아왔다. 이러한 권유와 사회적 문제로까지 커지고 있는 중장년 재취업 문제를 외면할 수 없어 그동안의 경험과 사례, 노하우를 모아 중장년 구직자들을 위한 책을 쓰게 됐다.

열의를 갖고 덤벼들긴 했지만 막상 이들에게 실제적인 도움을 줄 수 있는 서적이나 자료들이 부족하고 대부분의 내용들이 현장감이 떨어지다 보니 직접 자료를 만들고 사례를 정리하게 되면서 책이 나오기까지 2년이라는 시간이 걸렸다. 물론 내 문장력이 부족한 원인도 있었으나 그보다 인생의 경험과 경륜이 많은 중장년 남성을 대상으로 집필하다 보니 한 문장 한 문장을 허투루 쓸 수 없었던 점이 더 컸다. 또한 많은 남성들을 컨설팅했지만 여성으로서 느끼는 남성세계의 이해와 공감의 한계, 임원급인 이들에게 필요한 현장감 있는 취업 스킬을 정리하는 데에도 꽤 오랜 시간이 걸렸다. 그래도 고심한 시간이 길다 보니 특수한 사례보다는 모두가 공감할 수 있는 일반화된 사례를 수집할 수 있었고, 중소기업의 전반적인 이해는 물론 현실적으로 발생할 수 있는 문제들을 두루 다룰 수 있었다.

이 책에서 사용하는 용어, 즉 '중견세대' '중장년' '베이비부머'는 같은 용어로 40대 이상의 구직자를 말하며, 이 책에서 등장하는 사례들은 그동안 컨설팅을 하면서, 그리고 센터를 운영하면서 만났던 실제 성공 및 실패 사례들을 담았다. 이 책은 총 4부로 나누어져 있는데, 1부는 중장년 구직자들이 느끼는 심리적인 애환과 취업활동의 어려움을 토로하고 있으며, 2부는 실제 취업을 준비함에 있어서 중장년층이 느끼게 될 현실적인 문제, 취업에 필요한 마인드, 중소기업에 대한 이해 등 취업의 서론 부분을 다뤘다. 3부는 성공적인 취업을 위해 필요한 스킬이 무엇인지 전달하는 취업의 본론 부분을, 4부는 취업 스킬과 더불어 필요한 행동전략 등 중장년 취업에 구체적인 방법과 노하우를 제공한다.

이 책의 독자층은 지금도 취업을 위해 고군분투하는 중장년 구직자와 그 가족들이며, 퇴직과 은퇴를 앞둔 재직자, 그리고 앞으로 중장년이 되는 30대 가장들까지 확장될 수 있을 것이다. 또한 오늘도 현장에서 중장년 구직자들을 상담하고 있는 후배 상담사 및 컨설턴트, 기관 등에서 종사하는 이들에게도 도움이 되리라 생각한다. 아무쪼록 이 책을 통해 IMF, 외환위기, 구조조정, 실직을 경험한 이 땅의 베이비부머들이 위로와 공감을 얻기를 바라며 취업에 있어서도 실질적인 도움을 얻을 수 있기를 희망한다.

마지막으로 이 책을 완성하는 데 도움을 주신 분들께 감사 인사를 드린다. 특히 이 책을 작성하는 데 처음 맥을 잡아준 노영경 선배와 중장년 취업을 위해 모든 지원을 아끼지 않는 무역협회, 늘 함께 고생하는 중장년일자리센터 식구들, 책에 몰두할 수 있도록 도와준 가족들,

그리고 사례를 위해 도움을 주신 고객과 기관 담당자들께 진심으로 감사드린다.

끝으로 이 시대의 아버지들인 중장년층 모든 남성들에게도 위로와 찬사를 함께 보내 드린다.

2013년 8월 늦은 시간에

김영희

그리고 사례를 위해 도움을 주신 고객과 기관 담당자들께 진심으로 감사드린다.

끝으로 이 시대의 아버지들인 중장년층 모든 남성들에게도 위로와 찬사를 함께 보내 드린다.

1:
chapter

취업의 다이하드가 되라

아니면 말고!

어젯밤부터 100mm가 넘는 비가 오더니 오늘도 계속해서 하루 종일 비가 내린다. "오늘은 비 때문에 구직자들이 그나마 집에서 편안히 쉬겠구나"라고 생각하면서 조금 전에 내린 원두커피 한 모금을 조심스럽게 마셨다.

빗소리와 함께 CD에서 잔잔히 울려 나오는 베토벤의 은은한 피아노 소리가 조용한 센터 분위기를 한층 더 포근하게 만들어주었다.

날씨에 따라 조금 다르긴 하나 비가 오는 날은 구직자로부터 걸려오는 전화도 줄고, 평소에 자주 방문하던 발길도 줄어든다. 구직자들에게 궂은 날씨는 취업활동에 부담을 조금은 내려놓고 유일하게 편안히 쉴 수 있는 휴일 같은 날이다. 그동안 밀린 서류 정리와 업체 인사담당자들과 통화하다 문득 시계를 보니 벌써 5시 30분이다.

오늘 같은 날은 오랜만에 주변 서점에 들러 읽고 싶은 책이나 맘 편히 골라야 되겠다고 생각하면서 책상 정리를 하고 있는 중에 센터 문이 열리면서 젖은 우산을 든 낯익은 얼굴의 김 부장이 들어왔다.

대부분 중견세대들은 미리 약속을 정해 찾아오는 경우가 대부분이라 갑작스레 찾아온 김 부장을 보니 반가움보다는 우선 긴장감이 더 들었다. 김 부장은 그동안 두 번 만났지만 항상 말쑥한 차림에 매너 있고 열정적인 사람으로, 함께 일하는 직원들 사이에서도 젠틀한 인상을 주는 사람이었다. 그런데 한두 번 만난 구직자들이 예고 없이 갑자기 센터를 방문할 때면 좋은 일이든 나쁜 일이든 필시 무슨 일이 생겼다는 증거다.

김 부장은 "퇴근 시간 무렵에 이렇게 약속도 없이 불쑥 찾아와서 죄송합니다"라고 늦은 시간에 찾아온 자신을 나무라듯 첫 마디를 건넸다. 며칠 전에 만났던 생기 있는 모습은 전혀 보이지 않고, 기운 없는 상태에서 어색한 웃음만 보였다.

"무슨 말씀을요! 괜찮습니다. 그러나저러나 비가 정말 많이 내리나 봐요! 우산을 썼는데도 양복이 많이 젖었네요."

김 부장의 갑작스런 방문에 방금 전까지 생각했던 퇴근 후의 계획들이 모두 빗나가는 것 같아 내심 속상했다. 나 역시 입가에 어색한 웃음이 머물렀다.

그러면서도 단 몇 초 동안 김 부장을 관찰하면서 여러 생각들이 스쳐 지나갔다. '취업을 한 것인가? 아니다! 김 부장의 얼굴을 보니 취업한 것 같지 않다, 복장이 정장인데 면접을 본 것일까? 얼굴은 왜 밝지 않은가? 그럼 면접 결과가 안 좋은 것인가? 그렇다면 왜 퇴근 시간에

이곳에 온 것인가? 다른 급한 일이 생긴 것인가?’

김 부장의 양복 어깨 위에 촉촉하게 매달려 있는 빗물을 보면서 따뜻한 커피 한 잔을 건네니 감사의 말과 함께 약간의 짧은 한숨을 내쉰다. 김 부장의 젖은 양복은 빗물인지 눈물인지 모를 정도로 외롭고 쓸쓸해 보였다.

“지금까지 살면서 커피에 대한 고마움을 몰랐는데……. 오늘만큼은 이렇게 권해주는 커피 한 잔이 얼마나 고마운지 모르겠네요.”

“저도 조금 전에 커피 한 잔을 마셨는데, 비가 와서 그런지 오늘따라 커피 맛이 좋네요.” 그의 말에 대답은 했으나 한편으로 김 부장의 ‘오늘만큼’이라는 단어에 신경이 쓰였다.

“부장님! 안 입던 양복까지 입고 오신 것을 보니 오늘 굉장히 특별한 날인가 봐요! 남자들은 양복을 입을 때와 안 입을 때의 이미지가 확 다른데, 매번 편한 차림으로 오시다가 오늘 처음 양복 입은 모습을 보니 이제야 부장님처럼 느껴지네요. 넥타이도 아주 세련되고 양복하고 정말 잘 맞아요. 코디를 정말 잘 하셨네요.” 김 부장 얼굴에 살짝 미소가 보인다. 나의 긍정적인 피드백이 김 부장의 마음을 조금 풀리게 한 것 같았다.

“너무 늦게 온 것은 아닌지요? 이제 조금 있으면 퇴근해야 할 시간인데…….”

“아닙니다! 괜찮아요. 오늘 하루 종일 바쁜 일도 없이 한가했는데요. 그런데, 이렇게 멋진 양복까지 입고 오셨는데 오늘 좋은 일이라도 있으셨어요?” 혹시 있을지 모를 김 부장의 속상한 마음을 조금이라도 덜어줄 수 있을까 싶은 마음에 상반된 질문으로 김 부장의 마음을 찔러 보았다.

"무얼~~! 좋은 일은요! 오늘 선배 만나고 왔는데 기대했던 취업이 안 된 걸요. 집사람은 오늘 취업이 될 줄 알고 기대하고 있을 텐데……. 집에 가려다 마음도 답답하고 해서 센터장님 얼굴이나 보고 가려고 왔습니다." 밝은 목소리긴 했지만 김 부장은 답답한 마음 때문인지 내 시선을 피해 애써 다른 곳을 응시했다.

"잘 하셨습니다. 그래도 답답할 때 제 얼굴이라도 보러와 주시니 감사하네요. 부장님의 이런 모습들이 굉장한 장점인 건 아시나요?"

"예? 이것도 장점에 속하나요? 내 생각만 하고 오히려 귀찮게 하는 것 같은데요?" 센터에서 계속해서 들리는 베토벤의 피아노 소나타가 김 부장과의 대화를 한층 더 고조시켜 주었다.

이기적인 자기애自己愛를 가져라

사실 이런 날씨에 김 부장도 여기까지 오기가 쉽지 않았을 것이다. 여자와 달리 남자들은 '침묵'을 아주 좋아해 남에게 도움 받는 건 자존심 상하는 일이라 생각한다. 게다가 아쉬운 소리하는 건 나약하다 생각하니 무엇이든지 스스로 해결하려는 자칭 '만능 해결사'들이다. 특히 실직 기간에는 심리적 열등감과 위축감으로 쓸데없이 많은 생각을 하다 보니 행동으로 한 번 옮기기도 어렵고, 간단한 결정을 내리는 데도 오랜 시간이 걸린다. 결국 결론은 '혼자'가 된다. 그래서인지 다른 연령층보다 중견세대들은 구직활동 중에 이런 표현을 잘한다.

"내가 ○○하려 해도 부탁하는 것이 미안하고 귀찮게 하는 것은 아닌지 몰라서요.""일도 바쁠 것 같은데 찾아가면 괜히 시간만 뺏는 것은 아닌지 모르겠어요.""취업은 내가 해야지 누구 도움을 받는 것은 아니라 생각해요.""구직활동을 해보니 도움을 받아도 안 되던데 괜한 일을 하는 것 같아서요."

이럴 때마다 난 그분들에게 이렇게 말한다.

"미안해도 그냥 하세요.""상대방의 시간을 뺏는다 생각해도 내가 필요한 부분이 있다면 적극적으로 하세요.""단순하게 생각하세요." "누군가의 도움을 받으세요!"

그래서 난 김 부장과 같은 구직자를 좋아한다. 오늘처럼 자신만을 위해 행동한 김 부장의 이기적인 자기애自己愛가 기분을 좋게 만든다. 취업을 위해서는 자기중심적이고 이기적이어야 한다. 구직자들을 컨설팅하면서 자주 하는 말은 '생각의 단순화'다. 중년의 나이에 가장 중요한 것이 있다면 '일work'인데, 실직을 하게 되면 자신 스스로는 물론이고 인생 전반에 대한 두려움과 후회, 죄책감으로 많은 생각에 시달린다. 원래 일work은 'ponos'라는 그리스어에 기원을 두고 있는데, 이 의미는 '슬픔ponos'을 뜻한다.

고대인들은 '일work'을 일종의 저주요, 인간의 독립적이고 자율성을 방해하는 요소로 봤는데, 현대를 살아가는 지금도 '일'은 해도 힘들고 안 해도 힘들게 하는 것 같다. 이러나저러나 생각이 많아지면 자연히 행동은 소극적이 되고, 소극적이 되면 이를 핑계로 '나'보다 '타인'을 더 의식하는 말과 행동을 많이 하게 된다. 과거 직장에 다닐 때는 누구보다 강하고 열정적이었던 사람도, 실직만 하면 그동안 잘하던 열정과 도전 의식은 잠수를 타고 만다.

심리학에서는 자기애성 성격장애라 해서 자기중심적인 성향이 강한 것도 심리적 장애로 간주하는데, 실직을 하면 쭈그러드는 자기애가 구직활동에서는 다소 필요하다. 즉, 취업이라는 목적을 위해서는 타인을 의식하거나 배려하는 소극적 자세보다는 적극적이고 자기중심적인 기질이 필요하다. 과거 대학생들을 컨설팅할 때 18번처럼 가르쳤던 말이 '아니면 말고'다. "이력서를 내면서 인사담당자에게 전화해도 되나요?" 하면 "해도 돼! 아니면 말고" "인사담당자를 직접 찾아가도 되나요?" 하면 "응 한 번 해봐! 아니면 말고"라 말했다. 이처럼 구직기간 동안에는 "아니면 말고!"의 자신감이 중요하다.

김 부장도 센터까지 오면서 많은 생각을 했을 것이다. '퇴근 시간인데, 센터에 가면 늦게 왔다고 싫어하지는 않을까? 사전에 전화를 해야 하는 건 아닐까? 아니면 그냥 가도 될까? 도움은 받을 수 있을까? 체면이 깎이는 것은 아닌가?' 등 생각이 한참 복잡했을 것이다. 하지만 복잡한 생각 중에서도 자신만을 위한 결정을 내리고 센터로 찾아온 김 부장의 행동이 멋지고 고마웠다.

컨설팅한 사람 중에 A씨(50세)는 중소기업 이사로 근무하다 퇴직한 사람으로, 처음 만났을 때 실직 기간이 7개월이 지나고 있었다. 이력서를 보니 이직을 5번이나 했고, 대학생 자녀가 2명이었다. 당장 학비와 생활비 때문이기도 하지만 A씨처럼 취업활동을 적극적으로 하는 사람도 그리 많지 않다. A씨는 센터를 오기 전 6개월 동안 취업사이트를 통해서 수백 통의 이력서를 보냈으나 별 성과가 없었다. 센터 등록 후에는 2개월 동안 일주일에 평균 한두 번은 전화해서 그동안의 취업사이트 지원에 대해 물어보고, 회사 정보, 이력서 수정, 회사 추천 등 이런저런 요구사항이 많았다.

하지만 요구사항이 많은 만큼 A씨 역시 열심히 검색하고, 열심히 부탁하고, 열심히 방문하는 등 스스로도 최선을 다했다. 당연히 A씨와 같은 구직자는 취업을 지원하는 컨설턴트 입장에서는 부담이 되긴 하나, 구직자들의 이러한 노력과 적극성은 지지와 격려의 대상이 아닐 수 없다. 비록 힘든 시간을 함께 보내긴 했으나 취업에 성공하게 되면 가장 보람 있고, 가장 애착이 가는 구직자가 된다. 현재 A씨는 센터의 도움으로 60명 정도 되는 중소업체 영업 총괄이사로 취업에 성공했다.

취업한 이후에 A씨가 한 말이 아직도 기억에 남는다. "센터장님! 취업을 하기 전에는 내가 여유가 없어 잘 몰랐는데, 취업하고 보니 센터장님을 너무 괴롭힌 것 같아 미안한 생각이 많이 드네요. 하지만 그동안 말을 안 해서 그렇지 겁도 나고 많이 두려웠습니다. 그래도 이 방법밖에는 없더라고요."

그렇다! 남자들의 실직은 취업이라는 결과로 힘든 시간을 보상받고, 심리적인 안정을 얻으며, 주위 사람들로부터 인정받기 때문에 A씨의 이러한 노력과 행동은 타협의 여지가 없다. 과거 IMF 이후에 실직한 대리·과장급들을 컨설팅하면서 "힘든 시간을 이해해주고 인정해줄 수 있는 사람은 본인밖에 없다"라고 냉정하게 말한 적이 있다. 결과중심, 성과중심적 가치가 남자들의 실직에도 적용되다 보니 취업이라는 결과를 통해서만 그 과정을 이해받고 위로받는다는 것은 슬픈 일이다.

아무 생각 없이 매일 먹는 밥도 며칠 굶게 되면 '밥'이 '생명'이 되는 것처럼, 중견세대들의 실직도 시간이 흐르면 흐를수록 '취업'이 곧 '생명'처럼 되어버린다. 취업 시장에서는 주변을 맴도는 조연과 엑스트라는 필요 없다. 단지 주인공만 있을 뿐이다. 실직 기간 동안 '나' 외에 더 양보하고 배려할 사람이 있다는 것은 자기애를 포기한 쓸데없는 양보와 허영에 불과하다. 결국 페르소나persona의 가면을 쓰고 음성적으로 지내다 보면 나 자신뿐만 아니라 주위 사람까지 장기적인 고통에 빠지게 만든다.

취업이 이기적인 사람을 좋아하는 이유는 자신의 삶에 솔직하고 자기 개방을 잘 하기 때문이다. 특히 남자들의 특성상 자기 개방을 하면 남자답지 못하고, 자존심이 상하는 것으로 인식하는데, 취업시장에서 진정한 남자다움이란 버려야만 얻어지는 경우도 많다. 김 부장은 오늘 하루 최선의 선택을 했으며, 나는 이런 구직자를 오랫동안 기억한다.

사람은 대부분 남에게 도와달라는 말을 하기가 쉽지 않다. 누군가에게 도움을 요청하면 20분 만에 끝낼 수 있는 일을 혼자서 5시간이 걸리더라도 직접 한다. 이렇게 자신을 힘들게 하면서도 남에게 도움을 청하기를 꺼려하는 이유는 무기력하거나 의존적인 사람으로 보이고 싶지 않기 때문이

다. 다른 사람들에게 도움을 요청하기 위해서는 기꺼이 위험을 감수하겠다는 마음이 필요하다. 요청이 받아들여진다는 보장은 없지만, 도움을 청하지 않으면 그 여부조차 알 수 없다. 거절을 당한다 해도 최소한 그 사람의 입장은 알았으니 기꺼이 도와줄 다른 사람을 찾을 수 있다.

– 데이비드 J. 리버만,《나에겐 분명 문제가 있다》중에서

내 나이에 취업은 가능한가?

잠시 창밖으로 시선을 돌리니 비가 점점 더 세차게 내리고 있었다. 무역센터 앞 도로 퇴근길에 그 많던 사람들의 모습이 오늘은 크게 줄어들었다.

"그래도 센터장님이 괜찮다고, 힘을 내라고 해주시니 다른 사람이 말해주는 것보다 훨씬 힘이 납니다! 사실 오늘 이 말을 듣고 싶어서 왔습니다. 물론 취업도 해야 하지만 남자들에게는 용기를 주는 한 마디의 위로가 얼마나 힘이 되고 에너지가 되는지 모릅니다."

김 부장의 애환

김 부장은 요새 흔히 말하는 1차 베이비붐 세대다. 언론에서는 베이비붐 세대가 우리나라의 경제 발전에 역군役軍이요, 모든 어려운 역 경逆境을 딛고 성장한 힘 있는 세대라고 하지만 중견세대들의 실직은 '역力'은 아닌 것 같다. 김 부장도 20대 당시에는 대학생들의 입사희망 순위 1위인 대기업 D사에 당당히 채용된 인재로, 30대 후반까지 잘 나 갔던 시절이 있었다. 하지만 IMF가 터지면서 인생의 희망과도 같았던 회사로부터 구조조정을 당한 뒤 한동안 사회에 대한 분노와 회사에 대 한 배신감 등으로 심리적 공황상태를 경험했다.

김 부장은 커피 한 모금을 마시고 나더니 오늘 하루 있었던 이야기 를 털어놓았다. 김 부장 집은 파주인데 과거에 함께 근무한 적이 있는 직장 선배를 만나기 위해 일찍이 양복을 말쑥이 차려입고 집에서 1시 간 넘는 강남까지 달려왔다는 것이다. 그 선배 역시 IMF 당시 명예퇴 직을 하여 회사를 그만두었으나 그래도 50위 안에 드는 기업체에 입사 해 지금은 임원으로 있었다. 김 부장이 퇴직했다고 하니 선배가 아는 업체를 소개해주고, 가능성도 있다 하여 큰 기대와 희망을 갖고 찾아 갔던 것이다.

"그래도 오늘은 기대를 했는데……. 선배를 만나니 최종적으로 입 사가 힘들 것 같다는 이야기였습니다. 아마도 제 경력이 프로젝트 수 주 경험보다는 관리 경험이 강해서인지 업체 대표로부터 부정적인 연 락이 왔다는 것입니다. 그래도 그 선배가 미안했던지 점심은 사주더군 요. 차를 타고 고속도로를 달리다 갑자기 이정표가 없어진 것과도 같 은 심정이었습니다. 사실 20일 동안 많은 기대를 했거든요. 선배 회사 에서 나오면서 집으로 바로 가려다 가슴이 너무 답답해서……. 센터장님한테 다시 한 번 취직 부탁도 할 겸, 선배 회사에서 센터도 가깝고 해서 한 번 들러봤습니다."

"그런 일이 있으셨군요. 기대한 만큼 실망도 크겠습니다. 점심을 드셔도 소화도 잘 안 됐을 것 같네요. 채용이 안 된 이유가 그게 전부였나요?"

"사실 오늘 선배 사무실에서 나오면서 가장 큰 원인은 '나이'가 아니었나 싶어요. 아닐 수도 있겠으나 자꾸 그런 생각이 드네요. 지금까지는 그렇게 늙었다고 생각해본 적이 없었는데……. 취업활동하다 보니 내 나이가 많다는 것을 새삼 실감합니다. 10년 전만 해도 이 정도는 아니었는데요. 취업사이트라 해서 여러 군데 검색을 해도 지원할 회사도 없고, 이력서를 여기저기 지원해도 아무런 소식도 없고……. 마음은 점점 불안해지고, 솔직히 궁금한 것은 내가 앞으로 취업을 할 수 있는 나이인지, 아니면 포기해야 되는 나이인지……. 그렇다고 집에서 놀 수 있는 상황도 못돼서 취업활동을 하고는 있지만 언제 취업이 될지도 모르겠고……. 어디서 방법을 찾아야 할지……. 정말 여기 오기 전까지는 더 막막했습니다."

김 부장 이야기는 사실이다. 구직활동하면서 중년세대들이 느끼는 심리적인 압박과 위축감은 '나이'다. 다른 사람의 취업을 위해 노력하는 나 자신도 직원을 채용할 때면 '나이'를 무시 못하는 것이 현실이다. 우리나라 취업시장에서 50세가 넘으면 그야말로 사각지대에 놓이게 되는데, 이렇게 되면 나이에 따라 취업의 고통도 더 크다.

내 나이에 취업은 가능한가?

중견세대들과 컨설팅하게 되면 이들이 가장 먼저 하는 질문이자 가장 궁금해 하는 질문은 "내 나이에 취업은 가능한가?"이다. 중견세대들의 취업은 취업활동을 하기도 전에 이렇듯 나이로 인해 주눅이 들어버린다.

"내 나이에 무엇을 할 수 있나?" "내 나이에 취업은 할 수 있는가?"

중견세대들의 취업은 경력, 경험, 역량의 문제라기보다는 나이의 문제가 더 클 수 있다. 오히려 경력과 역량은 너무 높아서 탈이 되는 경우도 많다. 나이가 문제가 되는 이유는 말단직보다는 관리자급이다 보니 채용이 수적으로 적은 것이 일차적 이유이며, 나이로 인해 기존 직원들이 업무 지시에 부담을 느끼는 문제, 연령차에서 오는 조화와 적응의 문제, 노동 생산성 저하, 급여와 직책 등의 대우도 문제가 된다.

그밖에 나이에서 오는 고집스런 성향과 성품, 변화에 대응이 느린 점 등을 꼽을 수 있다. 그렇다면 과연 나이는 피해갈 수 없는 장애물밖에 안 되는 것일까? 하지만 반드시 그런 것만은 아닌 것 같다. 한국무역협회가 2012년 10월 중견(소)기업 CEO 115명을 설문조사한 결과 중장년 채용의 만족도는 52% 이상으로 높았으며, 향후 채용할 계획 역시 32.4%로 높게 나타났다.

중견세대 40세~45세

중견세대라 해도 연령대별로 많은 차이가 있다. 일반적으로 40세

~45세는 중견치고는 청년층에 속한다. 컨설팅할 때마다 구직자들에게 이런 말을 하면 순식간에 얼굴에 화색이 돈다. 이들은 한 분야에 10년 이상의 전문 경력을 보유한 실무형 관리자로, 급여와 나이, 직책에 비해 노동 생산성이 높고, 대우 면에서도 기업이 부담을 덜 느끼는 연령이다. 실제로 센터에 들어오는 구인 가운데 40~45세 연령층 채용이 45% 이상을 차지하고 있으며 이는 취업 포털 사이트에 올라온 채용공고만 보더라도 실감할 수 있다.

이들 연령층은 오픈잡을 통해서 취업활동을 하더라도 이력서를 제출할 회사들이 적지 않음을 알게 된다. 또한 이 연령층들은 30대의 사고와 40대의 나이를 지니고 있다 보니 "취업을 할 수 있을까?"보다는 "어떤 회사를 선택할 것인가?" 등 자신의 삶과 경력에 대해 더 많은 고민을 한다. 이들은 앞으로 이직이 반복되지 않도록 안정된 회사를 찾는 것이 중요하며, 입사 이후에는 조직에 적응하고자 노력하는 마음가짐이 필요하다.

중견세대 46세~55세

통계청에 따르면 2012년 5월 현재 50대 이상 취업자가 800만 명으로 1991년에 비해 2배가 넘는 수치라고 발표했다. 즉 취업자 3명 중 1명은 50대 이상인 셈이다. 이 연령층은 대부분 고高연봉, 인맥, 사회적 연륜, 풍부한 조직생활 등이 있다 보니 다른 연령층보다 자존심이 가장 세다. 때문에 눈높이 낮추기도 마음만큼 쉽지 않다.

이 연령층들은 경력, 학력, 역량, 인맥, 직종, 운運에 따라, 그리고 취업활동을 누가 더 적극적이고 열정적으로 하느냐에 따라 결과도 달라진다. 때문에 이들은 정보 수집에 강해야 하며, 취업활동도 다른 연령층보다 더 열심히 해야 한다. 또한 무료취업지원센터, 정부·공공기관의 일자리 사업, 무료교육·자격증 등의 정보는 기본적으로 알고 있어야 하며, 연봉·규모·근무조건 등에서는 유연한 사고가 필요하다.

현재 보건복지부, 고용노동부, 경제단체 등은 물론 각계각층에서 일자리 창출을 열심히 하고 있으나, 취업을 희망하는 구직자보다 상대적으로 일자리 수가 적다 보니 피부로 느끼는 취업은 아직 어려울 수 있다.

교과부 사업인 특성화고 강사 및 산학협력교수는 50세 이상 중장년층의 전문성을 활용하는 사업이며, 무역협회·중소기업청·KOTRA에서 진행하는 중소기업 자문 및 컨설턴트 사업 역시 중장년층이 지원할 수 있는 사업들이다. 그밖에 생산, 품질, 연구직 등 전문기술직이나 화학, 플랜트, IT, 자동차 등 호황 업종 경력자, 외국어 능숙자, 대기업 임원, 대학원졸 이상, 해외주재 및 해외지역경력자, 지방 근무뿐만 아니라 해외 근무도 가능하다면 50대라도 취업의 폭은 더 넓을 수 있다.

일부 기업체에서는 임원 연봉으로 4,000만 원 이하를 제시하면서 60세 정년을 보장한다거나, 구인이 어려운 일부 특수 전문 직종은 60세 이상 고용을 보장하면서 정규직으로 채용하려는 기업체도 늘고 있다. 특히 자동차, 플랜트, 해외건설 등 업종에 따라서는 대기업체에서 매년 진행하는 감원 축소와 퇴직 연장 때문에 중소기업체들은 오히려 퇴직한 경력자를 찾지 못해 50~60대 이상도 채용하는 등 때 아닌 경력난을 겪는 업종도 있다.

2010년 독일계 다국적 기업 지사장으로 근무한 S씨(54세)는 회사로부터 예상치 못한 퇴직 통보를 받았다. 갑작스럽게 당한 퇴직으로 심리적인 어려움은 있었으나 이에 안주하지 않고 바로 중장년 재취업지원센터를 방문해 지원을 요청했다. 마침 경제단체에서 개최한 중장년 채용박람회가 있었는데, 여기에 참가한 것이 계기가 되어 150억 매출의 중소기업에 취업했다.

N씨(55세)는 1998년 IMF 사태로 인해 L대기업을 희망 퇴직했다. 퇴직 이후 상담대학원에 입학해 우수한 성적으로 졸업했으나 경력 단절의 시간이 길다 보니 면접을 봐도 번번이 탈락했다. 이후 친구의 권유로 직업상담사 공부를 시작했는데, 50대 나이에도 불구하고 6개월 만에 자격증을 취득했다. 자격증 취득 후 복지회관, 노인센터, 여성센터에서 봉사, 상담, 강의를 했는데, 강의 평가가 좋다 보니 지금은 직업상담 전문 강사로 월평균 200만 원 이상의 소득을 올리면서 행복하게 일하고 있다.

간혹 이 연령층에 속하는 재직자들이 센터로 전화해서 지금 시점에서 퇴사하는 것이 좋을지에 대해 묻는 경우가 있다. 하지만 비록 연봉이 깎이고, 직급이 떨어지고, 자신이 관리하는 조직이 없어지고, 사무공간이 달라져도, 은퇴하기 전까지는, 그리고 퇴직에 철저한 준비와 자신감이 붙을 때까지는 힘들어도 버틸 수 있을 때까지 버티라고 말한다. 그것이 실직보다 낫기 때문이다.

중견세대 55세 이상

이 연령층들은 오히려 일자리 폭이 더 넓고 취업이 쉬울 수 있다. 2011년 고용노동부 자료에 의하면 55세 이상 취업자는 2007년 422만 9,000명에서 2010년 462만 4,000명으로 9.3% 늘어난 추세이며, 중장년 상용직 역시 최근 3년간 평균 12만 7,000명 증가해 취업자 증가분의 60.2%를 차지하고 있다. 이 연령층들은 자녀들이 어느 정도 성장하고, 심리적으로나 재정적으로 다른 연령층보다는 여유가 있어 직업job뿐만 아니라 일work의 개념으로도 취업을 생각해야 한다.

급여보다 전문성을 살릴 수 있는 일자리, 재능기부, 사회공헌일자리, 인턴십, 시간제 컨설턴트 등 직업보다 일을 찾는 마음가짐이라면 지원할 수 있는 일자리들은 오히려 많을 수 있다. 지방소재 제조업체에서는 특수 분야나 자격증 소지자일 경우 그 분야에 경력과 경험만 있다면 60세가 넘어도 채용을 하려는 회사들이 있다.

이 연령층들은 기존 경력과 관련된 일은 물론이고, 취미와 특기를 활용한 1인 비즈니스 및 뉴잡new job도 활용해야 하며, 이전 경력과 관련되지 않은 전혀 다른 일도 선택할 수 있어야 한다. 섬유 관련 분야에 뼈가 굵은 K씨(61세)는 퇴직 이후 취업을 위해 공인중개사, 중장비 운전기능사, 보일러취급기능사를 취득했으나 1년 동안 취업과 연결이 되지 않았다. 하지만 오히려 3개월 동안 동사무소에서 무료로 배운 컴퓨터 교육 덕분에 자신의 이력서를 여러 취업사이트에 올린 것이 계기가 되어 Y직업전문학교 염색·가공 기능 교사로 채용되었다. 나이가 60세가 넘었다는 것은 한 분야의 전문성과 정비례하는데, 이 학원은 K씨의

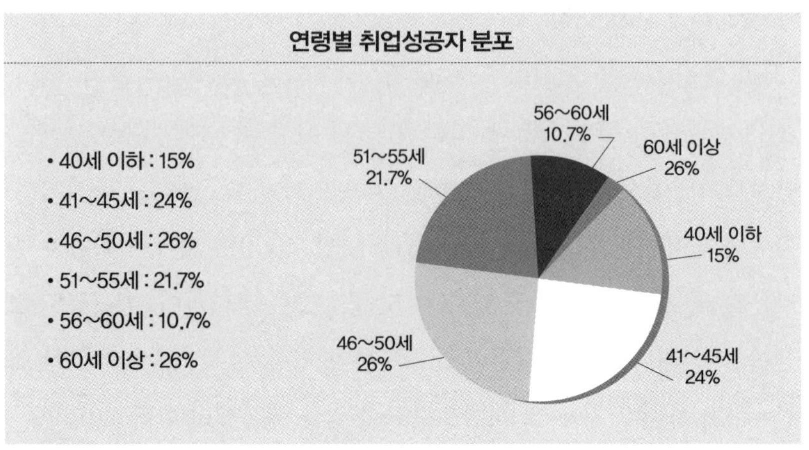

• 한국무역협회 중장년희망일자리센터(구 중견전문인력고용지원센터)를 통해 취업에 성공한 구직자 연령 분포표 (2012년 12월)

나이보다 섬유분야에 갖고 있던 전문 능력과 실전 경험을 더 인정했던 것이다.

인사관리만 20년 이상 해온 J씨(57세)는 주택관리사, 공인중개사, 보일러 기능사 등 최소 3가지 자격증을 취득했지만 1년 7개월 동안 취업이 되지 않아 마음고생이 심했다. 하지만 다행히 지인의 소개로 300가구 아파트의 관리소장으로 취업되었는데, 채용된 이유는 오히려 '나이' 덕분이었다. 요새 구직자들은 연령에 비해 워낙 젊어 보이면서 건강하다 보니 나이가 많아서 문제가 된다기보다는 오히려 책임감과 신뢰감이 더해진다는 것이다. 그러면서 J씨는 "나이보다 일이 없는 것이 더 힘들었죠. 하지만 포기하지 않았던 것이 취업 성공 요인인 것 같습니다"라고 채용 소감을 말했다.

K씨(63세)는 대기업 28년, 중견기업 3년, 중소기업 사장으로 2년 근

무했으나 취업박람회를 통해 무역회사 촉탁직원으로 취업에 성공했다. 20대 여직원이 하는 단순 업무에서부터 구매 선 발주, 통·번역 등의 업무까지 30년 이상의 전문 능력을 유감없이 발휘하고 있다. 퇴직 전에는 비서가 주는 커피를 마셨지만 이제는 젊은 직원들에게 커피를 타주고 있는 K씨. 하지만 그는 "젊은 직원들과 같이 일하니 나 역시 젊어지는 것 같고 자신감과 에너지, 활기가 과거보다 더 넘칩니다"라고 미소 띤 얼굴로 말했다.

최근 중소기업들의 해외투자 및 해외진출 사업으로 인해 나이와 무관하게 현장 경험이 풍부한 중장년층 해외지역전문가를 찾는 일이 많아지고 있다. 고용노동부 집계에 따르면 기술·연구개발, 품질·생산관리, 경영·기획관리, 해외영업·마케팅 등에서 중견세대들의 채용이 두각을 보이고 있는데, 몇 가지 예로 KOTRA의 "해외투자진출기업 퇴직전문인력 채용박람회", KOICA의 "퇴직전문인력 개도국 파견", 무역협회 "수출중소기업 SOS 지원단모집", 중소기업진흥공단 중소기업 컨설턴트 모집 등은 중견세대들의 전문성을 활용한 채용 사업들이다.

한국무역협회에서는 2010년 유럽부흥개발은행EBRD의 해외기술지원 컨설턴트 채용 업무를 진행하는 과정에서 2개 외국어 능력이 있는 72세 고령자가 해외 인재풀에 등록되는 사례가 있었으며, 건설경력이 25년 이상인 K씨(62세)는 현재 몽골 정부기관 자문컨설턴트로 활동하고 있다. 물론 이처럼 특별한 사례를 일반화시키는 데 무리가 있으나, 그럼에도 불구하고 40~60세의 취업은 여러 가지 모양으로 지속적으로 증가하고 있다.

나의 경쟁상대는 누구인가?

"6시가 훨씬 지났네요. 저 때문에 퇴근도 못하고 죄송합니다. 예전 같으면 누구 불러내서 술이라도 한잔 하고 싶은데 퇴직하고 보니 불러낼 사람도 없고 만나는 것 자체도 서로 부담이 되네요."

"채용도 안 되고 술도 못 마시면 부장님 그 스트레스는 누가 해소할 수 있나요? 오늘 쌓인 스트레스는 여기서 풀고 가세요! 비도 도착하기 전보다 더 내리는 것 같은데 비가 좀 그칠 때까지 하던 이야기 더 하는 것도 좋을 것 같습니다."

"그래도 지금은 이런 센터를 알게 되니 속마음을 털어놓고 위로받을 수 있는데, 정말 얼마 전까지만 해도 너무 답답했습니다. 초반에는 술을 자주 마시다 보니 부인과 불화도 더 생기고……. 정말 사람이 자기관리 못하면 잘못되는 것은 한순간이더군요. 지금 센터장님 말처럼 그래도 10년 전은 대기업으로부터 구조조정을 당해도 막 40대를 넘다 보니 건실한 중견기업체로부터 스카우트 제의도 왔었는데……. 그래서 고마운 마음에 10년 이상을 밤낮없이 열심히 일했습니다. 그런 노력에도 불구하고 회사 자금사정이 안 좋은 상황에서 임원 승진까지 밀리다 보니 이런 신세가 됐네요. 그래도 왜 하필이면 '나'인지 아직도 모르겠습니다. 최소한 나는 아닐 줄 알았는데요."

말을 잇는 김 부장 눈가에 약간의 이슬이 맺혔다. 가벼운 이야기부터 시작된 것이 이렇게 점점 무게 있는 이야기로 옮겨가고 있었다.

나의 경쟁상대는 "집착"

'회사를 위해 할 만큼 했건만 왜 내가?' '보기도 싫은 상사지만 좀 더 친밀하게 지낼 걸' '1년 전에 헤드헌터로부터 추천이 왔을 때 이직이나 할 걸' '선배 말 들어 수익이 좋다는 벤처 회사로 왔는데 배신이나 당하고'

후회, 죄의식, 자기 비난, 분노 등 실직을 하게 되면 지나간 과거에 대해 부정적인 집착이 갈수록 심해진다. 충성심이 깊었던 사람이었다면 그 고통과 집착은 더 심할 수 있다.

모 대기업 임원이었던 H씨는 회장의 신뢰를 한몸에 받으면서 미래가 보장되었던 사람이었다. 그러던 어느 날 회사로부터 예상치 않은 퇴출을 당하고 4년 동안 우울증을 앓았다. 그야말로 최고의 자리가 보장될 것으로 확신하고 일벌레처럼 일만 했는데, 하루아침에 퇴직을 당하고 나니 정신과 치료도 큰 도움이 되진 못했다.

실직 상태에서는 믿었던 대상을 바꾸고 싶어도, 조직에 좀 더 남고 싶어도, 잃었던 건강을 되찾고 싶어도 이미 지나간 시간은 다시 오지 않는다. 오히려 지난 삶의 미련과 결과에 대한 부정적인 생각으로 인해 집착과 후회를 반복하게 만들 뿐이다. 어차피 되돌릴 수 없는 상황이라면 모든 생각을 "stop"하고 긍정적인 방법으로 풀어나가는 것이 회복도 빠르다.

부정적인 생각이 반복된다면 긍정적인 생각으로 이끌어주는 방법을 꾸준히, 반복적으로 하는 것이 필요하다. 즉 꾸준한 등산과 운동, 평소에 읽고 싶었던 책 읽기, 신앙생활 집중하기, 자격증 취득을 위해 외출하기, 지역 봉사활동, 악기 배우기, 라틴 댄스, 동호회 모임 등 과거 집착으로부터 벗어나기 위해 노력한다면 미래로 향하는 문턱은 좀 더 낮아질 수 있다.

어차피 때가 되면 인생의 바이오리듬처럼 한 번 이상은 누구에게나 찾아오는 피할 수 없는 과정들이다. 때문에 이제부터는 실직을 대비하는 마음의 준비도 필요하며, 피할 수 없는 상황이라면 이겨내는 방법을 찾는 것도 나쁘지 않다.

현대인들은 정말 힘든 시대를 살아가고 있다. 홍성남 신부는 자신의 저서에서 "전쟁 같은 삶, 소리 지르며 살라"고 한다. 화나는 일, 미운 사람이 있으면 한밤중 밖에서, 이불 속에서 욕하고 소리를 질러버리라고 말한다. 그 정도로 우리는 할 말을 못하고 살기에 마음속에 든 멍이 점점 굳어져 근육이 되어가고 있다.

나의 경쟁상대는 "부정적 사고"

"○○ 했으면 ○○ 했을 텐데" 이러한 후회, 죄책감, 자기비난 등 부정적 사고는 그 화살이 자기를 찌르기 때문에 아프고 힘들다. 미국의 정신과 의사인 아론 백은 부정적 사고에 인지적 오류까지 합해진 것이 우울증의 원인이라고 정의한 바 있다. 잘못된 일을 "내 탓이오"라고 자책하는 것이 그가 주장하는 부정적 사고 중 하나라고 볼 수 있다.

이러한 사고는 불행하게도 취업활동에 전혀 도움이 되지 않는다. 사람은 생각하고 느끼는 대로 행동하고 말하기 때문에 부정적인 생각과 감정은 그대로 취업활동을 힘겹게 만들고 면접 과정에서 치명적인 영향을 준다. 과거에는 "생긴 대로 행동한다"는 말이 지금은 "생각대로 행동한다"로 변했다. 얼굴이라는 하드웨어는 꾸밀 수 있어도 그 안에 소프트웨어는 거짓말을 못하기 때문이다.

구직자 중에 Y씨(51세)는 비주얼이 세련되고 분위기도 아주 괜찮은 사람이었으나 내면은 부정적인 사고와 자기 고집으로 똘똘 뭉친 사람이었다. Y씨의 까다로운 성격과 부정적 사고는 대화를 할 때마다 상대방을 지치게 만들었다. 그래도 경력만큼은 봐줄 만해 모 중견기업으로부터 1차와 2차 면접까지 통과된 상태였다. 최종 면접은 회장과 점심을 먹으면서 진행했는데 결과는 안타깝게도 탈락이었다.

회장면접 자체를 100% 채용된 것으로 착각한 것이다. 그래서 회장과 점심을 먹는 동안 긴장이 풀리면서 본연의 부정적인 자기 성향이 여과 없이 그대로 나와버린 것이었다. 임원이라는 위치가 회사 전체의 분위기를 좌우할 정도로 중요하다 보니 Y씨의 부정적인 성향과 성품이 최종 관문에서 장애물로 작용한 것이다. 하지만 Y씨는 탈락 결과도 자신의 문제로 보기보다는 회사의 문제로 화살을 돌렸다.

젊었을 때야 성숙하지 못한 성격이 있어도 설익은 청춘이기에 용서가 되고, 조직에서도 용납했지만, 무르익은 중견세대들은 전혀 그렇지 않다. 즉 퇴직 후 새로운 환경에서 새 판을 짤 경우는 그 나이에 상응하는 겸손함과 성숙한 인격이 있어야 서로 생존한다. 그야말로 나이에 책임을 져야 한다는 것이다. 기계도 기름칠을 안 하면 잘 돌지 않는 것처럼, 사람도 인격이 메마르면 자신이 쳐놓은 매트릭스에 빠지고 만다.

미리넷솔라 이상철 회장은 어떤 일에 봉착해서 부정적인 생각을 가지면 스트레스를 받고, 일도 풀리지 않으며, 건강도 나빠지는 삼중고를 겪는다고 말하면서 삶을 긍정적으로 살라고 조언한다. 다시 강조하자면 실직을 수용하고 자신에게 긍정적인 통제감을 부여하는 것이 취업을 촉진시키는 지름길인 것이다.

채정호 박사의 《행복한 선물 옵티미스트》에 보면 "세상을 얼마나 낙관적으로 보느냐에 따라 인생의 성공이 달라진다"라는 문구가 있다. 사람은 하루에도 오만 가지 생각을 하는데, 긍정적이고 낙관적인 사고가 사회적 성공, 부의 축적, 육체적 건강을 좌우한다는 것이다. 마찬가지로 긍정 마인드는 성공적인 취업을 앞당기는 데 마중물 역할을 한다.

한 구직자는 이런 고민을 털어놓았다.

"오늘 아침에 신문을 보는데 대학동창 놈이 대기업 임원으로 승진했다는 기사가 나왔더군요. 그 순간 아침부터 마음이 싱숭생숭하더군요. 그 친구나 나나 똑같이 출발했는데 나는 회사 도산으로 실직 상태이고, 그 친구는 임원까지 올라갔으니까요." 며칠 후 이 고객으로부터 다시 전화가 왔다. 코스닥 상장업체 CFO로 면접 의뢰가 와서 어제 면접을 봤는데, 제조업체 경력이 짧다는 점을 결부시키면서 희망 연봉을 물어보았을 때 괜한 자격지심이 들었다는 것이다. 그는 갑자기 자신감이 떨어지면서 질문의 답도 제대로 못하고 연봉도 너무 적게 말해버렸다며 속상해 했다.

실직 상태에서 비교의식과 더불어 부족한 자신감이 오래 지속되면 구직활동에도 문제를 일으킨다. 특히 이러한 장면이 여과 없이 펼쳐지는 곳이 면접장인데, 면접이란 면접자와 피면접자의 기氣 싸움이다. 실직 기간 동안에 약해진 마음으로 건강한 기氣를 발산하지 못한다면 그동안의 수고가 공염불이 된다.

'긍정'이란 단어는 여기저기서 수없이 많이 들어 식상한 말처럼 들릴 수 있으나 '긍정'은 취업활동에 필수품인 동시에 애호품이 되어야 한다. 모 중소기업의 회장과 이야기하면서 임원 채용 조건을 물으니 첫째도 '긍정', 둘째도 '긍정'이라 했다. 긍정적인 사람은 어떤 일을 해도 자기 동기부여가 강하고 행동이 적극적이라는 것이다.

외국계 다국적기업 지사장으로 근무한 M씨(52세)는 긍정 에너지가 많은 사람이었다. 실직을 했음에도 불구하고 상담사들이 오히려 M씨로부터 에너지를 받을 정도였다. 그는 실직을 하자마자 아는 사람들을 찾아가 취업 부탁을 했다. 18년 동안 함께 지냈던 첫 직장 선배를 찾아가고, 여러 동종업체에 입사지원을 하고, 대학 선배들한테까지 부탁했는데 결과는 좋지 않았다. 하지만 낙담하지 않고 인터넷, 신문, 광고 등 정보 수집에 최선의 노력을 다했다.

'지성이면 감천'이란 말은 취업활동에도 진리처럼 통한다. 이러한 노력 덕분에 M씨는 실직 4개월 만에 중견기업 영업총괄이사로 취업에 성공했다. M씨에게 인생의 모토motto를 물으니 '첫째도 긍정, 둘째도 긍정'이라 했다. 이렇듯 긍정적으로 생각하는 습관은 강력한 동기부여를 해주고, 생각을 단순화시키며, 행동 역시 적극적으로 만들어준다.

M씨의 사례처럼 진정한 자신감은 소유, 성취, 직장, 직책, 외모 등에 좌우되는 자신감이기보다는 자신의 존재 가치를 인정하고 사랑하면서, 자기의 삶을 주도적으로 이끌어가는 모습에서 발견된다. 잊지 말자, 긍정적으로 생각하고 안 하고는, 나를 길들이는 습관에 달려 있다는 것을!

또 다른 나의 경쟁상대는 "자기 폐쇄"

중견세대들이 퇴직하게 되면 지금까지 살아온 자신의 인생에 대해 회상을 하게 되는데, 만족스럽게 생각하는 사람은 그리 많지 않다. 그건 대부분의 중견세대들이 자신의 인생에 대해 후회와 미련이 남는다는 말과도 같다. 중견세대들은 힘들고 답답할 때 과거 친구들을 만나 술 한잔 기울이며 외로움과 우울함을 달랜다. 20년 전, 30년 전 친구들을 만나면 꾸밀 필요가 없어 아주 편하다는 것이다.

대부분 남자들은 말도 없고 감정 표현도 잘 못하는 매우 건조한 사람들이지만, 연령이 50세가 넘으면 반드시 그렇지도 않은 것 같다. 컨설팅을 하면서 놀라는 것은 남자들도 여자만큼 수다를 좋아한다는 것이다. 그동안 하고 싶고, 털어내고 싶은 말들을 묵은 김치 삭히듯 참고 살아온 저 남자들의 심정을 바라볼 때 여자의 입장에서 존경스럽기까지 하다.

중견세대들 대부분은 인생의 쓴맛을 한 번 이상 겪어본 사람들로 삶의 근력이 만만치 않다. 하지만 자기 개방에 있어서는 거의 "제로 zero"다. 개방을 안 하면 안 할수록 마음의 병은 커지게 마련이다. 실직에 대한 기분과 느낌을 상대방에게 솔직히 털어놓을수록 내 문제에서 벗어나 서로의 문제가 된다. 좋은 척, 있는 척, 아는 척, 강한 척하지 말라! 인생 3모작, 4모작을 위해 자신을 타인에게 개방하고 주위 사람들의 도움을 받아라!

아무리 마음속으로 대단한 용龍을 그려도 남에게 보여주지 않으면 같이 사는 부부조차도 이해하지 못하는 것이 인지상정이다. 내 자신도 나를 모르는데 남이 나를 어떻게 알아주겠는가? 하지만 마음속의 말들을 털어놓고 싶다면 될 수 있으면 긍정적인 사고를 지닌 사람에게 하라. 매사에 부정적이며 판단하기를 좋아하는 사람들과 이야기하다 보면 얻는 것보다 오히려 잃는 것이 더 많기 때문이다.

M씨(45세)는 일본계 대기업에서 일하다 구조조정으로 퇴사를 했는데, 평소에 쓰고 살던 수준 때문에 경제적 문제는 물론 부인과의 말다툼이 잦아져 명절 때 가족모임을 회피하는 등 이런저런 신경전으로 힘

든 시간을 보냈다. 그중에서도 가장 힘든 것은 실직한 아빠 때문에 눈치 보는 6살배기 아이였다. 실직한 지 1년이 되어가자 열등감은 더욱 더 커지고 자존감이 떨어지면서 급기야는 자살까지 생각했다. 하지만 어느 날 문득 이렇게 살면 안 되겠다는 생각이 들었다.

그는 부인을 좇아 종교생활을 시작하면서 마음을 다스리게 되었다. 부인과의 적극적인 대화, 친지들에게 실직 알리기, 평소 취미였던 등산 및 아파트 주변 1시간 이상 걷기, 취업프로그램 참가 등으로 운동과 구직활동을 열심히 했다. 그러던 중 교회에서 우연히 알게 된 모 중소기업 CEO의 권유로 그 회사 부장으로 취직이 되었다. 그 기업에서 M씨를 채용한 이유는 평소 솔직하고 씩씩한 태도와 자신감 있는 모습이 무슨 일을 맡겨도 잘할 수 있을 거란 확신이 들어서라는 것이다.

중년세대들은 M씨처럼 자기를 개방하는 데 주저함이 없어야 한다. 고통은 분담할수록 좋고 알릴수록 좋다. 자기 개방은 역경을 건강하게 극복한 사람일수록, 심리적으로 건강한 사람일수록 잘한다. 실직의 고통은 나에게 문제가 있다는 것을 깨닫게 해주며, 찾지 못했던 새로운 나 자신을 발견하게 해준다. 좋은 척, 있는 척, 아는 척, 강한 척하지 말고 자신을 개방하고 서로 나눠야 한다.

순간의 불편함을 싫어하고 회피하는 삶은 언제 터질지 모르는 지뢰밭을 걷는 것과 같다. 한센병이 무서운 것은 상처가 나고 죽을병에 걸려도 아픔과 고통을 못 느껴 병을 키우게 된다는 점이다. 고통이 다 나쁘지 않은 이유는 오히려 세상으로부터 면역력을 키워주며, 힘든 세상을 당당히 살아갈 수 있도록 창과 방패의 역할을 해준다는 데 있다.

구직활동은 직업을 구하는 의미도 있지만 잘 견딘다는 의미도 있다. '견디다'의 의미는 자신에게 만큼은 잽jab과 스트레이트straight를 날리지 말라는 의미기도 하다.

사람의 생각이란 80%가 긍정적인 생각보다 부정적인 생각을 하도록 습관화되다 보니 생각이 많다 보면 오류가 많아지고 진리가 왜곡되기 쉽다. 우울증의 원인은 염려와 두려움인데, 염려와 두려움이 생기면 마음이 분산돼 집중이 안 되고, 집중이 안 되면 결국 취업활동에 있어 열정과 에너지가 떨어져 적극적인 행동이 나오기 힘들어진다.

내가 구직자들에게 잘 사용하는 방법 중에 '고무줄 테라피therapy'라는 것이 있다. 노란 고무줄을 손목에 매고 부정적인 생각을 할 때마다 고무줄을 아주 세게 튕기라고 한다. 일부 구직자는 하루 종일 고무줄을 당기다 보니 손목이 벌겋게 부어올랐다 하여 서로 웃었던 적이 있다.

실직을 아파하지 말라는 의미는 아니다. 사람이 아프면 아픈 것이 정상이며, 죄책감과 무기력도 실직 상태에서는 아주 자연스러운 정서적 감정 중에 하나다. 하지만 이러한 감정들을 지속적으로 즐기면서 자기에게 잽을 날리다 보면 분명 어느 순간 그 잽을 나뿐만 아니라 다른 사람들에게도 날리게 되어 있다.

실직의 문제는 머리, 마음 그리고 행동으로 풀어야 한다. 즉, 냉정한 머리와 긍정적인 마음과 적극적인 행동으로 풀어야 한다. 15년 이상 직장생활하면서 경험한 일이 그 일이 아니던가? 직장생활하면서 문제가 없던 적이 있었나? 문제가 있을 때마다 해결을 위해 대안을 만들지 않았는가? 모든 것이 가능해서 가능하게 만든 것이 아닌, 불가능하게 보인 것도 가능하게 하지 않았는가?

취업도 마찬가지다. 취업을 원한다는 필요조건만 생각하지 말고, 취업을 위해 충분조건이 무엇인지 지속적으로 생각하고 알고 배워야 한다. 심리학적인 용어로 강박과 집착이라는 단어가 있는데, 실직 기간 동안에는 취업이라는 한 가지에 집중하고 몰두하는 집착도 어느 정도는 필요하다.

아프리카 탄자니아 초원에는 영양의 일종인 '누'가 살고 있는데 이들은 새로운 먹이풀을 찾아 1,500km 이상 되는 먼 거리를 떼를 지어 이동한다. 오랫동안 먼 거리를 이동하게 되면 지치고 피곤하고 또한 여러 가지 난관과 위험을 만나게 되는데, 이런 그들을 표적 삼은 동물들은 악어와 치타, 사자, 하이에나 등이다. 이들의 공격을 피하기 위해 누들은 늘 떼를 지어 다닌다.

하지만 큰 집단 속에 있다 한들 무슨 소용이 있는가? 어느 순간 하이에나가 나타나면 서로 살고자 도망치다가 결국 힘에 부쳐 집단에서 이탈한 '누'가 하이에나의 하루 먹잇감이 되는 게 동물의 세계다. 비록 동물의 세계라고는 하지만 실직의 현실도 이와 크게 다르지 않다. 실직 기간 동안 내면의 경쟁상대들을 이겨내지 못하면 가족 해체와 다툼, 우울, 무기력, 알코올중독, 은둔 등에 먹잇감이 될 수밖에 없다. 때문에 지켜야 한다! 내 영혼의 문지기는 바로 '나'이기 때문이다.

힘 있을 때 잘해!

편안한 때에 위기를 생각한다는 '거안사위居安思危'라는 고사성어가 있다. 중견세대들이 퇴직한 이후에 가장 후회하는 것이 있다면 "있을 때 잘하지 못한 점"이다. 자격증을 하나 취득하지 못한 점, 한 가지 취미와 특기도 만들지 못한 점, 일하느라 주위 가족, 친지들에게 잘하지 못한 점, 건강을 제대로 챙기지 못한 점 등이다.

하지만 그중에서 가장 후회하는 것은 재직 기간 동안 사내외 사람들에게 잘하지 못한 점, 특히 사내보다는 사외 인맥들을 잘 관리하지 못한 점이었다. 더욱이 힘 있는 자리에 있었을 때 주위 사람들을 배려하고 겸손하지 못했던 사람들은 후회가 더 컸다.

실제로 중견세대들이 주위 인맥을 통해 취업에 성공한 경우를 보면 경쟁관계에 있었던 사내 직원들보다 사외 사람들의 도움을 더 받았다. 즉, 재직 시 좋은 관계를 맺었던 헤드헌터, 과거 직장상사, 거래업체 등 '갑'의 위치에 있을 때 상생을 위해 도움을 준 사람들이었다.

실례로 대기업 S사 임원으로 퇴직하신 분은 "이렇게 빨리 퇴직할 줄 알았으면 좀 더 대인관계에 신경을 쓸 것을……" 하면서 후회한 반면, 그와 반대로 같은 직급으로 퇴직한 동료 L임원은 퇴직 전에 친밀하게 알고 지내던 중견기업 회장의 소개로 채용 의뢰가 들어와 퇴직하자마자 취업에 성공했다.

L임원의 장점은 '갑'의 위치에 있으면서도 '을'을 배려하고 상생을 위해 노력한 성품이 있었다는 것이다. 겸손은 상대방을 인정하고 존중하는 것뿐만 아니라 자신의 좋은 에너지를 타인에게 나눠주기도 한다. 이러한 에너지는 부메랑 효과가 있어 다시 돌아오는 경우가 많은데, 내 경험으로 봐서도 중견세대들의 일자리는 이러한 성향과 성품으로 덕을 보는 경우가 많았다.

높은 데서 떨어질수록 상처가 심하다

퇴직한 선배들이 늘 건네는 "힘 있을 때 잘하라!"는 말은 언제 어느 때 누구에게 도움을 줄 수도 있고, 받을 수도 있으니 사람을 대할 때는 진솔함과 배려와 이해, 겸손, 의리, 수용, 신뢰의 마음으로 하라는 것이다. 대기업을 나온 구직자들이 다시 대기업에 들어가기는 쉽지 않다. 거의 대부분이 중견(소)기업에 취업하게 되는데, 중견(소)기업의 채용담당자 및 오너들에게 중견세대들의 채용 조건을 물어보면 성향과 성품을 60% 이상으로 꼽았다.

남자들의 명예와 권력은 계급장을 뗌과 동시에 평준화되어 버린다. 사장이든, 전무든, 이사든, 부장이든 회사를 퇴사하고 나면 다 평준화되는 것이 현실이다. 오히려 계급이 높으면 높을수록 아래로 떨어지면 부상이 더 심하다. 하지만 맨땅에 떨어지는 것과 두꺼운 매트 위에 떨어지는 것은 같은 부상을 당해도 회복 속도가 다르다.

직장생활에서 남자의 세계는 매우 치열하고 힘겹다. 그 가운데 어떤 사람은 심리치료가 필요할 정도로 인간적이지 못하고 공격적인 사람이 있는 반면, 약하고 수동적인 사람도 적지 않다. 단지 직장이 있고 높은 직책이 있기에 모든 것이 용서되고 인정받는 것이 현실이다. 과거 모 대기업체 과장이 협력업체를 방문해 부하직원들 보는 앞에서 아버지뻘 되는 협력업체 임원에게 막말하다가, 10년이 지나 대기업을 퇴사한 후 중소기업에서 일하는 모습을 보면 시절 좋은 직장생활이 그리 길지 않다는 것을 깨닫게 된다.

다행히 뿌린 대로 거둔 사람은 퇴직을 했을 때 현상 유지라도 하지만, 재직 중에 뿌린 것보다 더 많이 거둔 사람들은 퇴직과 동시에 왕따 당하는 모습을 종종 보게 된다. 이처럼 중견세대들의 성향과 성품은 인생을 살아가는 데 아주 중요한 덕목 중 하나다.

"높은 데서 떨어질수록 상처가 심하다." 이 말은 퇴직한 모 기업의 임원이 한 말이다. 억대 연봉, 기사 딸린 자동차, 널찍한 사무실, 비서 등 마치 승진은 '마이너리그'에서 '메이저리그'로 올라간 것과 다름이 없다. 현재 미국에서 활동하고 있는 야구선수 추신수가 마이너리그에 있을 때는 채소만 먹었다가 메이저리그로 상승하자마자 그날로 스테이크가 나온 것처럼 하루아침에 대접이 달라지는 것이 승진이다. 하지만 세상은 주는 것만큼 뺏는지라 승진은 짧고, 실직은 길 수 있다. 때문에 짧은 승진 기간 동안이라도 힘 있을 때 잘한 사람은 주위 사람들로부터 덕을 보는 경우가 많다.

요새처럼 인터넷이 발달된 세상은 실시간으로 정보가 수집되다 보니 어른부터 어린아이들까지 모르는 것이 없고 모두가 다 똑똑한 세상이다. 모두가 제 잘난 맛에 살다 보니 갈수록 여유가 없고, 감정이 메마르며 피로감을 느끼면서 살아간다. 이러한 세상 속에서 남과 다르게 살고 싶다면 사람을 이해하고 사람 사는 세상을 이해하는 것이 중요하다. 퇴직 후에 미래가 두렵지 않다면 지금의 완장을 마음껏 휘둘러도 되나 그렇지 않다면 자신의 미래를 위해 주위 사람들에게 마음의 씨를 뿌리는 것도 나쁘지 않다. 기회란 진정한 마음의 노력에서 얻어지는 것이지 스킬로 얻어지는 것은 아니기 때문이다.

모 신용보증기금 지점장으로 퇴직한 K씨(58세)는 재직 시 거래 관계에 있었던 M변호사 사무실 사무장으로 취업에 성공했다. 그는 "그동안 일하면서 거래관계에 있었던 업체들과 원만한 인간관계를 맺은 것이 이러한 결과가 된 것 같다"고 말하면서 "도움을 줄 수 있는 위치에 있다면 갑의 입장에서 먼저 도와주라"고 말했다.

대기업 H사 임원으로 퇴직한 J씨(52세)는 지금 제일 후회하는 것으로 주위사람들을 돌보지 않았다는 점을 꼽는다. 재직 시 의사소통 교육은 많이 받았는데, 막상 그때는 그 교육들의 진정한 의미를 깨닫지 못했다고 하면서 이렇게 일찍 퇴직할 줄 알았다면 주변에 좀 더 잘할 걸 그랬다면서 후회했다. 그는 "상대방의 입장에서 이해하고 수용하는 태도가 중요합니다. 작은 약속이라도 소중히 여기고, 힘 있는 자리에 있을 때 겸손해야 합니다. 독불장군은 안 됩니다. 내 말이 맞을 때도 있지만 틀릴 때도 많기 때문입니다. 타협 전에 대화가 부족했던 것 같습니다"라고 과거를 회상했다.

그런가 하면 중견업체 S사를 퇴직한 P씨(46세)는 현직에 있을 때 일에 100% 투자하지 말라고 한다. 그는 절실한 마음으로 다음과 같이 말했다. "후배들아! 현재 일에 100% 투자하지 마라! 현재 업무와 전혀 다른 분야든 아니면 연관이 되는 분야든 1~2개 발굴해서 준비하고 실천하라. 현직에 있을 때 자기계발과 자기 혁신을 꾸준히 하라! 시간에 쫓길지라도 반드시 취미와 특기를 살릴 수 있는 장점, 특히 자신만의 노하우를 하나 만드는 것이 중요하다. 퇴직하면 시간이 많다고 생각하겠지만, 오히려 더 힘들다. 자신의 출세를 위해 동료와 부하직원들을 힘들게 했던 것이 가장 후회가 된다"고 토로했다.

헤르만 헤세의 《나르치스와 골드문트》처럼 중년 나이 어느 한 시점에 이르게 되면 모든 사람들은 같은 선상에서 인생을 바라보게 된다. 잠시라도 세상으로부터 자유롭고자 노력하면 인간관계에서도 진정한 여유를 찾을 수 있을 것이다.

브루스 윌리스의 '나는 죽지 않는다'

"따르르릉~"

김 부장과 한참 이야기를 나누던 중 휴대전화 벨소리가 울렸다. 시계는 어느덧 7시를 가리키고 있었다. 면접 본다고 일찍 집을 나간 남편이 걱정이 되어서인지 부인에게 전화가 온 것이다. 그 사이 창밖을 보니 계속 내리는 비에 삼성동 8차선 도로가 자동차로 꽉 차 정체되어 있었다. 김 부장과의 대화는 서서히 마무리 단계에 이르고 있었다. 서로 목이 말라 가볍게 음료 한 잔을 더 마시다 보니 가족 이야기가 자연스럽게 나왔다.

"걱정된다고 집에서 전화까지 해주니 기분은 좋으시지요?"

"그래도 막상 퇴직하고 보니 자식들이 눈에 제일 먼저 들어오더라고요. 애들이 언제 이렇게 컸는지 직장 다닐 때는 잘 몰랐는데, 퇴직하니 실감 나더군요."

그렇다! 중년이 되면 자녀의 교육과 진로에 관심을 갖기 시작하는데 그래서인지 컨설팅하다 보면 "아빠들이 살아가는 가장 큰 이유는 자식들의 출세와 성공이다"라는 말을 어렵지 않게 듣게 된다. 김 부장 역시 기러기 아빠가 되지 못한 것이 '한恨'일 정도로, 자식들에게 금전적으로 더 해주지 못해 항상 미안하다고 한다.

K은행 임원(53세)으로 재직 중인 P씨는 퇴직을 2년 앞둔 시점에서 가족회의를 하면서 '은퇴'라는 말을 꺼냈다가 막내가 대학원에 입학하겠다는 말을 듣고 은퇴라는 말이 쏙 들어갔다 했다. 그 녀석도 먹고 살겠다고 대학원에 간다는데 어떻게 은퇴할 수 있냐는 것이다. 이렇게 중견세대들은 "자식들의 성공이 나의 성공"이라는 대리만족으로 살면서 부모에 대해서도 헌신적이고 책임감이 강한 세대들이다.

하지만 아빠들이여, 힘을 내라! 많은 20대 청년들을 상담해보면 깜짝 놀랄 정도로 생각이 깊고 부모를 사랑하고 있다. 이들의 손에는 스마트폰과 컴퓨터가 전부인 것 같으나 그들의 가슴은 의외로 깊고 따뜻하다. 만일 집안에 청소년이나 대학생을 둔 가장들이 있다면 실직으로 인한 물질적인 미안함보다는 어려운 가운데에서도 아버지의 긍정적이고 패기 있는 모습을 보여주는 것이 자녀들에게 줄 수 있는 더 큰 유산이다.

외국계 S사 지사장이던 B씨(52세)는 8년 동안 회사를 위해 헌신했음에도 불구하고 사내 파워 게임에 밀려 억울하게 퇴직 통보를 받았다. B씨를 상담하면서 느낀 것은 퇴직한 사람이 맞나 싶을 정도로 성향이 밝고 긍정적이라는 점이다. 하루는 그 노하우를 물으니 성장할 때 부모로부터 받은 교육, 즉 어떤 어려움이나 고난이 있어도 긍정적으로 생각하는 태도가 몸에 배어 있다고 하면서, 실직을 해보니 가장 힘이 되는 부분도 부모가 물려준 긍정적인 성향이라고 말했다.

가장들이여! 실직 기간 동안 자녀들에게 물려주고 싶은 것이 있다면 몸소 인생 사는 방법을 가르쳐주기 바란다. 실직은 물질적인 사랑이 주지 못한 가족애를 발견하게 해주며, '없음'에 대처하는 지혜도 알려준다. 사람은 60세가 넘어야 인생을 제대로 볼 줄 알며, 인생을 이해한다고 하는데, 50세가 넘은 구직자들과 상담을 하다 보면 "인생은 좋은 것이 좋은 것이 아니며, 또한 나쁜 것이 반드시 나쁘지만은 않다"는 것을 생각하게 해준다.

실직이 다 나쁘지만은 않다

남편들이 퇴직하게 되면 부인한테서 과거에 느끼지 못한 섭섭한 마음을 많이 갖게 된다. 예전엔 안아주면 그래도 받아주더니 지금은 건들기가 무섭게 내친다고 한다.

김 부장의 부인은 나이가 동갑이다. 보통 남자가 퇴직할 시점이면 여성들은 갱년기가 오게 되는데 여성 호르몬의 분비가 급격히 저하되면서 호르몬 균형이 떨어지고 폐경도 발생한다. 심한 경우는 우울증

약을 복용해야 할 정도인데 남편이 옆에 있는 것도 귀찮아 각방을 요구하는 부인들도 있다.

그 시기가 만일 퇴직 시점이라면 당연히 남자들은 심한 갈등과 배신감을 느낄 수 있다. 나는 김 부장에게 베이비붐 세대들이 명예 퇴직할 시점에 부인들이 갱년기를 맞는 경우가 있으니 서로 이해하고 수용하는 마음이 필요하다는 것을 이야기해주었다.

또한 남자들은 나이가 들면 들수록 드라마를 보면서 눈물을 흘리는 등 여자들의 전유물인 사랑, 연민, 돌봄 등 감성적인 면이 증가되는 반면, 오히려 여성들은 남성 호르몬 증가로 자기주장, 독립성, 통솔력 등 남성화되는 모습을 보여 여성들로 하여금 무시당하는 기분이 들 수도 있다는 점 또한 조심스럽게 설명했다. 이 시기가 되면 대부분의 부인들은 집에 붙어 있지 않고 밖으로 나오는 반면, 남편들은 집에 있으면서 예전엔 친하지 않던 애완견이 부인보다 더 친밀해지는 경우도 생긴다.

실직이 남자들에게 열등감을 주는 것은 사실이나 자신을 돌아보는 긍정적인 효과도 분명히 있다. 3년 전에 만난 A씨(45세)는 국내 K대를 졸업하고, 일본에서 경영학 박사 과정을 마친 후 컨설팅 업체에서 15년을 일했다. 이력서를 보니 재취업하기에 큰 문제는 없어 보여 대신에 실직에 대한 심정을 물어보니, 15년 동안은 세상만 보고 살아서 자신이 누구인지에 대해 생각하지 않았다는 것이다. 그런데 실직을 하고 보니 이제야 내가 누구인지 생각하게 되었다는 것이다. 그는 "지금까지 무엇 때문에 살았는지, 또 앞으로는 어떻게 살아야 되는지, 계속해서 이 일을 해야 되는지, 내 꿈은 이루어진 것인지……. 정말 많은 생각이 떠오릅니다. 그러다 보니 그동안 무관심했던 가족과 주위사람들의 마음도 알 것 같고, 겸손함을 배우게 됩니다. 어려움에 대한 수용, 고독을 즐길 수 있는 능력, 실패를 통해 나의 한계가 무엇인지를 배우게 되는 것 같습니다"라고 말했다.

실직이 다 나쁘지만은 않다. 실직은 인생을 배우게 하고, 욕심을 내려놓게 하며, 고난으로부터 사람을 강하게 만든다. 중견세대가 되면 사고의 틀도 달라져야 한다. 과거가 그랬다고 현재와 미래도 그렇게 되어야 한다는 억지는 내려놓아야 한다. 인생은 편하게 오른손만 사용하도록 내버려두지 않는다. 삶의 균형을 맞추기 위해서 불편을 감수하더라도 왼손도 사용하게 만든다는 것이다.

사회학자인 벤저민 바버Benjamin Barber의 글이 생각난다. "나는 세상을 강자와 약자, 성공과 실패로 나누지 않는다. 나는 세상을 배우는 자와 배우지 않는 자로 나눈다." 이 얼마나 멋진 말인가!

주인공은 결코 죽지 않는다

실직을 어떻게 극복했느냐에 따라서 인생의 긴 여정을 살아가는 출발도 달라진다. 김 부장도 조금은 늦은 감이 있지만A씨와 비슷한 고민을 하고 있었다. 사실 30대 실직이 주는 의미와 40대 실직이 주는 의미, 50대 실직의 의미는 서로 많이 다르다. 내 경험상 여러 연령층을 상담하다 보니 30대의 실직은 자신의 커리어에 대해 진지한 고민을, 40대의 실직은 삶의 의미를, 50대의 실직은 가족의 의미와 남은 인생에 대한 재조명 및 미래에 대한 고민을 하게 해준다.

어쩌면 한 직장에서 30년 이상 근무만 한 사람들은 30대, 40대, 50대에 닥쳐온 실직을 통해서 배울 수 있는 소중한 체험들을 이해하지 못할 것이다. 실직은 스스로를 발견함으로 진정한 자신을 만나고, 새롭게 세상을 볼 수 있는 패러다임이 진행되는 삶, 그리고 길어진 인생의 여정에서 마치 스펙트럼에서 분산되는 갖가지의 색들을 볼 수 있듯 쉬어감과 뒤돌아봄의 보상도 있다는 것을 말이다. 김 부장과 대화를 하면서 실직을 통해 얻을 수 있는 보상에 대해서 의견의 일치를 보았다.

"김 부장님! 창밖을 보니 비가 많이 그쳤네요. 오늘 하루는 김 부장님만을 위해 하루 종일 센터에 방문객도 없었고 조용했나 봅니다."

"아까 선배 회사에서 나올 때만 해도 마음이 아주 답답하고 힘들었는데……. 이상하게 지금은 다시 용기가 생기네요. 늦은 시간까지 시간 내줘서 고맙습니다. 오늘 여기 오지 않았으면 아마도 센터에 다시 오는 것도 힘들었을 것입니다."

"9·11 테러 당시 미국 줄리안 뉴욕 시장이 이런 말을 했다고 해요. '내가 용기 있어 보이는가? 나도 두렵다. 하지만 용기는 두려움이 없는 것이 아니라, 두렵지만 지금 내가 반드시 해야 할 일을 하는 것이다' 정말 멋진 말 아닌가요? 저 역시 힘들 때마다 이 구절을 생각하는데, 정말 용기는 다루는 것인가 봐요. 부장님! 힘들지만 내일부터 다시 시작해요! 파이팅하세요! 부장님! 파이팅!"

오늘 하루 김 부장과의 컨설팅은 이렇게 끝났다. 돌아가는 김 부장의 표정은 처음과 달리 편안하고 밝아 보였다.

김 부장의 오늘 하루 일과는 대부분 중장년 남성들이 취업활동 하면서 겪는 애환들이다. 가족을 책임지고 부모를 봉양하는 가장들은 정작 자기 자신은 돌봄을 받지 못하고 살아온 세대들이다. 외롭고 고독한 중장년 세대들이 이 책에 소개된 이야기들을 통해서나마 많은 위로와 공감을 얻길 바라며, 앞으로 중견세대들을 위한 고민 들어주기 창구가 은행 창구처럼 많아졌으면 좋겠다고 생각해본다.

영화 주인공 대부분은 잘 죽지 않는다. 영화 속 주인공인 브루스 윌리스처럼 "다이하드die-hard"라고 외치자! 이 순간만큼은 당신이 삶의 주인공이며, 삶의 주인공은 결코 죽지 않는다.

2:
chapter

성공을 위해 넥타이를 풀어라

누가 퇴직의 대상인가?

"아직 약정도 끝나지 않았는데 갤럭시S4가 출시됐으니, 어떻게 기기를 바꿔야 하지?" 직원들끼리 이야기하는 것을 언뜻 들으면서 나 역시 기기 변경에 대한 호기심이 생겼다.

첨단과학과 정보통신! 눈만 뜨면 하루가 다르게 출시되는 스마트폰, 컴퓨터 기기, TV 프로그램! 중견세대들은 그 이름을 파악하기조차 힘들다.

신형 핸드폰을 구입하기가 무섭게 또 다른 모델이 출시되면서, 소유에 대한 애착이 떨어지는 것이 요즘의 현실이다. 이처럼 퇴직의 속도도 세상이 변화하는 속도만큼이나 가속화되고 있다. IMF 외환위기 이후 괜찮은 일자리가 이미 33만여 개나 감소했으며, 기업들은 직원 채용에 있어 양이 아닌 질을 중시한다.

보상 역시 성과 중심으로 바뀌면서 인재서주의가 추진된 지 오래

다. 이러한 성과위주, 능력위주의 직장 분위기 때문에 은퇴 연령이 평균 53~55세임에도 불구하고 점차 조기 퇴직하는 사례가 늘고 있다.

센터 내의 벽시계가 오후 3시를 가리키면서 약간의 노곤함이 몰려오는 순간, 센터 문이 열리면서 건장한 중장년 한 분이 들어오셨다. 고객의 어색한 미소와 불편한 행동이 오늘 처음 센터를 방문하고 있다는 메시지를 전해주었다.

K씨(49세)는 R 중견기업에 25년을 근무한 사람으로 중국 및 동남아 해외사업 분야에서 17년 이상을 일하면서 해외 시장 개척에 지대한 공헌을 했다. 특히 중국 수출 실적은 동종업계의 1위를 달성할 정도로 성실히 일한 사람이었다.

"일하면서 한 번도 퇴직을 생각해보지도, 생각할 시간도 없었습니다. 그런데 조직을 개편하면서 부사장을 포함해 저까지 회사를 나오게 됐습니다. 이 나이에 퇴직이라니 실감이 안 날 정도로 허무합니다. 주위 친구들이 회사를 퇴직할 때 남의 일인 줄 알았는데요……."

"직장은 어떻게 나오시게 되었나요?" 어색함을 풀어드리고자 K씨에게 음료수 한 잔과 고객용 다과를 권해드리니 얼굴에 긴장이 풀리면서 편한 자세로 이야기를 시작했다.

"남자들한테 직장은 일만 있는 것이 아니라 보이지 않는 내부경쟁도 치열합니다! 난 부사장 라인이었는데 한마디로 파워 게임에 밀리다 보니 핵심관리자들은 모두 나올 수밖에 없었습니다."

"갖고 오신 이력서를 보니 해외에서 올린 실적도 좋았는데요?"

"조직에서는 그것이 문제가 될 수도 있지요, 한 조직이 일 잘해서 성장할 것 같이 보이면 경쟁관계에 있는 상대편 조직은 위기의식을 느끼게 되니 말입니다."

남자들의 퇴직은 회사 경영사정 때문에 퇴직하는 케이스도 많으나 K씨 사례처럼 사내 정치 게임에 실패해서 쓰나미처럼 밀려나가는 경우도 많다. 또한 퇴직은 아니나 무늬만 재직자로 남아 회사로부터 계속적인 퇴직 압박에도 불구하고 꿋꿋하게 버티는 1/2재직자도 있다. 이유가 어떻든 이처럼 심리적 스트레스와 긴장상태 속에서 치열하게 살아가는 중견세대들을 볼 때 자연스레 고개가 숙여진다.

"힘든 가운데서도 마음이 가장 힘들 것 같은데요. 지금 심정은 어떠신지요?"

"물론 마음이 가장 힘들고 복잡하지요. 무엇보다 내 삶에 자신감이 많이 떨어졌습니다. 남자들에게 직장은 인생의 전부이고 사랑하는 사람을 잃은 정도에 버금가는 정신적인 충격이라고 어느 책에서 읽었는데……. 그 글이 생각나면서 실감이 나네요."

현대경제연구원에 따르면 베이비붐 세대 713만 명 중 임금근로자는 약 311만 명으로, 해마다 약 30~40만 명은 은퇴나 퇴직에 합류한다고 한다. K씨처럼 중견구직자 40% 정도는 회사부도, 해고, 파산, 조직개편 등으로 한 번 이상은 비자발적인 퇴사를 경험하고 있다. 이처럼 직장에서 나가는 시기가 점점 빨라지고 있으며, 한 직장에서 오래 근무할 수 있다는 생각은 점차 줄어들고 있는 것이 현실이다.

중견세대들은 앞으로 해야 할 일이 참으로 많아졌다. 끊임없는 자기 개발과 부단한 변화관리를 통해 평생직장job이 아닌 평생 직업work으로 인식을 바꾸지 않으면 안 될 시기가 온 것이다. 하지만 은퇴가 준비되면 은퇴 후 삶이 행복할 수 있는 것처럼, 퇴직도 준비된 경우라면 두려움과 실패를 뛰어넘을 수 있다. K씨는 오늘 센터를 방문함과 동시에 평생 직업으로의 삶을 향한 의미 있는 첫 발을 내딛었다.

"누가 퇴직의 대상인가?"

이제부터 이 질문에 답을 준비해야 할 것 같다.

- **1차 베이비붐 세대:** 1963~1955년생, 713만 명으로 전체 인구의 14.6%, 한해 평균 70 만 명 퇴직
- **2차 베이비붐 세대:** 1968~1974년생, 596만 명으로 전체 인구의 12.4%, 한해 평균 85만 명 퇴직

실직의 속도는 시속 150킬로다

시간은 정말 빨리 흐르는 것일까? K씨와 상담한 시간도 벌써 30분이 지나고 있었다.

"어제 회사를 나온 것 같은데 벌써 3개월이 지났네요. 회사 다닐 때는 몰랐는데 들어오는 월급이 없다 보니 청구서 날아오는 한 달이 정말 빨리 오는 것 같습니다."

"구직활동을 하는 대부분의 사람들이 다 그렇게 이야기합니다. 퇴직을 하게 되면 하루는 길고, 한 달은 금방 온다고요."

찰칵! 찰칵!

실직의 초시계는 일반 초시계보다 2배는 더 빨리 흘러간다.

그건 한 달에 한 번씩 집으로 날아오는 세금 청구서만 봐도 알 수 있고, 실업급여를 받나 싶었는데 다음 달이 실업급여 마지막 달이라고 상담직원이 말할 때 더 실감난다. 실직의 속도는 박찬호가 던지는 150

킬로의 직구처럼 잠깐 사이에 3~6개월은 우습게 지나가 버린다.

경제적인 문제는 어떤가? 대기업을 갓 퇴직한 사람들은 퇴직금, 위로금, 실업급여 등으로 1년을 버틸 수 있는 양식은 준비되어 있지만, 대기업을 퇴직한 후 한두 번 이상 중소기업을 전전한 사람들은 실직한 지 3개월만 지나도 자녀교육비, 연금, 보험료, 생활비 등으로 경제적 고통을 호소한다.

'실직이 되더라도 나한테는 분명 일자리가 있을 거야! 그래도 내가 대기업체 임원이었는데 내 경력으로 작은 중견(소)기업 정도는 갈 수 있겠지! ○○한테 부탁하면 그래도 도움을 줄 거야. 실업급여도 받는데 조금은 쉬어야지!'

이거야말로 여유로운 착각이다! 재직 중에는 생각의 여유가 있다. 그리고 직장을 처음 퇴직한 초년생들 역시 시간적·심리적 여유가 많다. 하지만 이런 여유로움은 취업활동을 하면 할수록 심적 부담감으로 변한다. 취업사이트를 뒤져도 지원할 회사는 찾기 힘들고, 취업사이트마다 이력서를 올리고 이메일을 보내도 연락은 없고, 우습게 본 중견(소)기업조차도 면접에서 탈락하는 현실이 닥치고 나면, 자신감은 비로소 겸손함으로 변한다.

구명조끼는 빨리 입을수록 좋다

실직이라는 큰 타이타닉호가 가라앉을 때 어떻게 할 것인가? 다른 사람 먼저 실직의 위험에서 구한다고 자기 차례를 포기하고 바이올린만 연주할 것인가? 구명조끼를 입는다 해도 내 차례가 언제 올지 모르는 상황에서, 굳이 일부러 마지막 번호표를 받을 필요가 있는가? 아무 생각 없이 배 하나를 놓치게 되면 기약 없는 배를 기다리며 바다만 고독하게 쳐다보게 된다.

올해 만난 L씨(52세)는 중국에서 해외영업 및 법인장으로 15년간 일하다 회사 경영 사정으로 퇴사한 후 얼마 전에 귀국한 구직자였다. 하지만 L씨가 선택한 것은 15일 정도 휴식을 취한 후 바로 취업활동을 시작한 것이다.

"중국에서 그렇게 오랫동안 일하고 돌아왔는데 쉬고 싶은 생각 없으세요?"

"물론 쉬고 싶었습니다. 하지만 쉰 다음에 구직활동 하면 좋은 일자리를 다 뺏길 것 같아서요! 요즘 취업하기도 힘든데, 보름 쉬었으면 많이 쉰 것 아닌가요?"

우연인지는 몰라도 L씨가 센터를 방문한 후 일주일 뒤에 L씨에게 적합한 구인의뢰가 들어왔다. L씨는 구인업체에서 요구한 나이보다 더 많고, 아이템도 달랐으나 15년 이상의 중국 경험과 현지 네트워크, 제조업체 경력, 금형기술을 가진 것 등 상황이 적절했기 때문에 즉각 채용될 수 있었다.

L씨의 성공 원인은 도움을 줄 수 있는 기관을 사전에 파악했고, 적극적으로 찾아와서 도움을 청했으며 비공개적인 정보를 적기에 수집했기 때문이다. 퇴직 후 취업활동을 늦게 시작한다거나, 활동 기간이

길어지게 되면 급한 마음에 내키지 않는 기업에 억지 취업할 가능성이 높다. 기업은 집에서 오래 쉰 사람보다는 현직에 있는 사람을 가장 좋아하며, 퇴직했더라도 바로 퇴직해서 현장 경험이 살아 있는 사람을 선호한다.

집중하고 몰입하라

취업활동 기간을 단축시키려면 집중과 몰입이 필요하며, 취업을 하고자 하는 강한 의지가 바로 집중과 몰입을 만든다. 사람도 찾고 싶은 사람이 있다거나, 꼭 사고 싶은 물건이 있으면 그와 비슷한 사람이나 물건만 봐도 눈에 비치고 어른거리는 것처럼 취업활동도 집중과 몰입을 하다 보면 눈에 보이는 것이 채용정보뿐이다.

나이가 100% 문제는 아니다. 나이에 상관없이 인생 자체를 적극적인 에너지로 사는 사람들은 직장job뿐만 아니라 직업work에서도 자신을 이기는 사람들을 많이 봐 왔다.

지금까지 4,000시간 넘게 많은 구직자를 컨설팅하면서 가장 기억에 남는 사람을 꼽자면 단연 P씨(60세)가 떠오른다. 1009번 실패 뒤 68세에 창업한 KFC 창시자 커넬 H. 샌더스 처럼 P씨 역시 그와 못지않은 구직자였다. P씨가 처음 센터로 찾아왔을 때 그는 모든 것을 다 잃은 뒤였다. 대기업체 퇴직 후 큰 사업체를 운영하다 실패한 P씨는 일도, 돈도, 심지어 가족관계도 어려운 상태였다.

하지만 그의 얼굴에는 실패라는 그림자가 전혀 보이지 않았으며 오히려 오랫동안 연구해온 대체에너지 기술을 다른 기업체에 연결하지 못한 것을 못내 아쉬워했다.

그는 외국계 취업사이트와 헤드헌팅사, 그리고 대체에너지 관련회사에 영문 메일을 수없이 보냈다. 관련 자료를 출력하고 코엑스COEX에서 열리는 에너지 포럼과 컨퍼런스는 어김없이 다녀오는 등 60세 나이에도 불구하고 하루 2~3시간 이상을 청년들도 흉내 내기 힘든 용기와 도전의 시간들로 보냈다. 이러한 생활이 6개월이 지나면서 별 다른 소식이 없을 때는 P씨 역시 힘들어 가끔은 낮술을 마시고 센터를 찾아오곤 했다. 그래도 포기하지 않겠다는 말을 입에 달고 다녔다.

물론 생활적인 문제도 있다 보니 낮에는 지하철 통역 공공근로를 하면서 남는 시간은 취업활동을 했는데 그러면서도 흐트러진 모습은 단 한 번도 보이지 않았다. 8개월이 지나는 시점이 되자 오히려 P씨의 취업을 위해 노력한 담당 컨설턴트가 더 지쳐가고 있었는데, 하루는 술에 얼큰히 취한 얼굴의 P씨가 센터로 위풍당당하게 들어왔다.

"나 취업했어요! 기분 좋아 한잔 했습니다! 다음 주에 지방으로 내려갑니다! 외국계 회사인데……. 그래도 대체에너지 분야에 나만큼 아는 사람은 없지요!"

그러면서 손에 든 책을 가리키며 정말 좋은 책이라고 보여주는데 바로《돈 없고, 빽 없고 운이 나빠도 리치!》라는 책이었다.

"내 인생이 이 책 안에 다 들어 있어요!"

P씨는 인간사의 모든 것들이 다 이 책 안에 다 들어 있다는 것이다.

정말 말할 수 없는 노력 끝에 찾아온 취업이라 모든 직원들이 하나가 되어 축하해주었다. 보통 60세가 넘으면 말년을 준비하면서 소극적일 수 있는데, P씨는 그 모든 것을 기회로 만들었다.

P씨가 떠나면서 한 말이 기억난다.

"나이가 들수록 움직여야 해! 항상 도전과 열정이 있어야 하지! 인디언은 기우제를 하면 반드시 비가 온대! 왜냐하면 그들은 비가 올 때까지 기우제를 하기 때문이야."

에너지란 본래 전류와 같아서 높은 데서 낮은 곳으로 한 방향으로 흐르는데, P씨를 만날 때마다 워낙 에너지가 강해서인지 오히려 내가 긍정적인 힘과 에너지를 받았다. P씨의 환하게 웃는 모습이 아직도 눈에 선하다. 난 이렇게 세상을 이기고 자신을 이기는 구직자들을 볼 때마다 인생이 무엇을 원하는지를 배우게 된다.

취업에 맷집을 키워라

중견세대의 취업시장은 시장도 좁고 취업정보도 눈에 잘 띄지 않아 답답하기만 하다. 더군다나 20대 청년층처럼 취업세대가 아니다 보니 이력서 작성에서부터 면접스킬조차 생소하고, 취업사이트는 1~2개 정도, 헤드헌터는 몇 명 알고 있는 정도다. 이러한 상황 속에서 취업활동을 하게 되면 본의 아니게 여러 번 잽과 스트레이트를 얻어맞게 된다.

잽! 잽! 녹다운

중견세대들은 구직활동하면서 잽을 맞는 경우가 수없이 많다. 첫 번째는 취업사이트다. 우리나라에 취업사이트 수가 많다고는 하나 아무리 검색을 해봐도 연령 구분도 없는데다 40~50대를 채용한다는 정보는 더욱 눈에 띄지 않는다. 설상가상으로 경력이 10년 이상 또는 무관이라 해서 전화를 해보면 30대 중반을 채용한다는 말만 나온다. 이러다 보면 갑자기 신경질이 나면서 더 이상 컴퓨터도 보기 싫어진다. ‘이놈의 사이트에 나이라도 나와 있으면 답답한 것도 덜할 텐데’ 하는 생각이 절로 든다.

결과는 사이트를 열심히 검색해도 지원할 만한 회사가 거의 없다는 것이다. 이렇게 가볍게 잽을 처음으로 한 대 맞았다. 그러던 어느 날 취업사이트에 올라온 업체 중 괜찮은 회사가 있어 기분 좋게 지원하려고 보면, 1명 채용에 지원자 수가 500명이나 된다. 갑자기 지원할 의욕이 뚝 떨어진다.

하지만 ‘아쉬운 건 구직자’라고 가뜩이나 없는 업체에 지원까지 안 하면 그나마 기회는 더 없을까 싶어 그저 무조건 여기저기 지원한다. 이렇게 지원하다 보면 어느덧 이력서를 보낸 횟수가 100회를 넘어선다. 하지만 이마저도 연락이 오는 곳은 거의 없다. 자, 이제 두 번째 조금 강한 잽을 맞았다.

어느 날은 예기치 않게 서치펌 회사에서 연락이 왔다. 얼마 전에 지원한 이력서가 효과를 발휘한 것 같다. 까랑까랑한 컨설턴트의 목소리가 전문성이 돋보이면서 신뢰감이 생긴다. 특히나 업무와 연봉이 내가 원하는 대로다.

이력서 수정이 필요하다 하여 오랜 시간을 들여서 정성껏 작성하고 수정해서 보냈다. 그런데 일주일이 지나고, 보름 넘게 기다려도 연락이 오지 않는다. 아쉬운 쪽이 먼저 물어본다고, 전화를 하니 이력서 진행이 더 이상 어렵게 됐다고 한다. "훅!" 하는 소리와 함께 세 번째 잽이 강하게 날아온다. 몇 번의 잽을 맞다 보니 이제는 더 이상 아프지도 않다.

그러던 차에 오랫동안 알고 지내던 아는 선배로부터 추천이 들어왔다. 이제는 그야말로 추천에 대한 큰 기대감이 생기면서 지금까지와는 다른 희망도 생긴다. 또 다시 이력서를 정성껏 수정해서 선배에게 이메일을 보낸다. 하지만 기다리는 시간은 기대가 강해서인지 다른 어느 때보다 더 힘들고 초조하다. 취업활동이 너무 지겹고 힘들어 이번이 마지막이길 바라는 마음 간절하다. 그래서 결과가 더 기대되고 두렵다.

추천에 대한 기대가 높아서인지 채용사이트를 보면서 약간의 여유와 교만한 마음도 생긴다. "취업만 되면 더 이상 컴퓨터 볼 일도 없겠지! 급여를 받으면 아이들을 데리고 오랫동안 못했던 외식도 하고, 그동안 끊었던 학원도 다시 보내주고……. 아! 그리고 가족여행도 가야지!" 생각은 자유라고 이 생각 저 생각하면서 스스로 주문을 걸어본다. 하지만 오늘 제대로 강력한 스트레이트 한 방을 얻어맞았다. 선배가 미안하다며 추천이 잘 안 됐다는 것이다. 내 모습은 링 위에 드러누운 패배자의 모습이다.

이쯤 되면 앞으로 어떤 강펀치를 맞아도 더 이상 충격도 없을 것이다. 실직은 이렇게 사람의 존재감을 미치도록 연약하고 힘겹게 만든다. 이 심정을 누가 알아줄 것인가? 남자의 마음은 남자가 안다고 생존 본능 하나로 앞만 보고 살아온 가장들 외에는 이해하기 힘들 것이다.

이러한 일들은 중견세대라면 흔히 겪는 일들이다. 일반 직원들과는 다르게 보통 임원급은 최종 결과가 한 달 이상 걸리는 경우가 허다하다. 그래도 채용이 되면 다행이나 긴 기다림 끝에 김이 빠지는 경우도 수없이 많다. 구직자 Y씨 같은 경우는 서치펌을 통해 임원으로 지원한 후 2차, 3차 면접까지 보고 90% 이상 채용이 확정되었지만 결국은 한 달 만에 아무 이유 없이 채용이 취소되었다.

또 다른 O씨는 중국 대기업체 임원인 선배의 소개로 중국으로 날아가 PT로 2차 면접까지 진행했으나 결국 자신의 노하우만 알려준 채 한 달 만에 미채용 통보를 받았다. 그 전에 잽과 스트레이트를 몇 번 맞지 않았다면 채용에서 떨어진 충격은 오래갈 것이다. 남자들이 창업을 선택하게 되는 계기가 꼭 창업을 하기 위해서라기보다는 취업활동에 대한 좌절과 분노로 인해 선택하는 경우도 많다.

하지만 중견세대라면 맷집을 키워야 한다. 은퇴전문가 강창희 전前 미래에셋자산운용 부회장은 최고의 은퇴준비는 최대한 오래 일하는 것이라 했다. 중견세대들은 사는 동안 일work을 포기해서는 안 된다. 일이란 남이 줄 수도 있으나 기본적으로는 내가 만들어야 한다. 취업도 비즈니스 하듯 할 수 있다.

과거 컨설팅했던 사람 중 K씨(여성)는 8개월 동안 취업이 되지 않자 전화번호부책을 펼쳐놓고 'ㄱ,ㄴ,ㄷ~ㅎ' 순서대로 대기업 인사담당자들에게 직접 전화를 해서 채용 여부를 물었다. "ㄱ~ㅎ까지 우리나라 모든 회사를 텔레마케팅하면 설마 나를 채용해줄 업체가 하나도 나오지 않겠어요? 확실히 나올 것이라 믿고 무조건 전화했습니다.”

계획된 우연처럼 K씨는 H대기업 유통사업부에 37세 나이로 수시 채용되었다. 취업활동을 하다 보면 여러 가지 실패가 있을 수 있으나 실패가 쌓이다 보면 진정한 자신감도 생긴다. 무엇인가 하기로 했다면 K씨처럼 누가 이기나 한 번 해보자는 식으로 자신의 삶을 주도하는 것도 한 가지 방법이다.

중견세대들의 취업은 ‘된다’ ‘안 된다’라는 동전의 양면과 같을 수는 없다. 정작 동전을 던져보면 앞면이 나올 수 있는 확률은 50:50이 아니기 때문이다. 동전은 단 한 번으로 앞면이 나올 수 있으며, 3번, 5번, 8번을 던져야 앞면이 나올 수도 있다. 단 한 번으로 앞면이 나온다면 그거야말로 ‘운’이라고 할 수 있는데, 이렇게 취업은 운도 따른다. 하지만 운도 던지는 작업이 없다면 기대하기 힘들다.

취업에 있어 ‘맷집’이란 동전을 던지는 작업이다. 앞면이 나올 확률은 누구도 장담하지 못하지만, 동전을 던지는 과정에서 희망과 좌절, 성공과 실패, 기쁨과 슬픔이 순환하면서 취업과 실직이라는 새로운 패러다임에 적응해 나간다.

주판을 엎고 취업활동 하라

K씨와의 대화가 잠깐 중단된 틈을 타서 센터 창문을 바라보니 어제 비가 많이 와서인지 저 멀리 봉은사 방문객들의 작은 움직임까지 눈에 들어왔다.

"어제는 그렇게 비가 많이 오더니 오늘은 날씨가 정말 쾌청하네요!"

"날씨가 좋다 보면 나 같이 영업만 한 사람은 집에 붙어 있기가 더 힘들지요! 어디든지 일을 만들어 나가야 합니다."

"그나저나 회사 그만두고 구직활동은 해보셨는지요?"

"그럼요! 과거에 퇴직한 경험이 있는 친구 놈이 몇 가지 알려줘서 해보긴 했는데……. 취업사이트를 검색해보니 청년층과 달리 중견세대들을 채용하겠다는 채용 리스트가 초기화면에서 넘어가지 않더군요. 어떤 중소기업은 오히려 내 스펙이 화려해서 부담이 된다 하고, 나이가 들어서인지 채용조건은 열악하고, 급여도 훨씬 낮구요. 스펙은 좋으나 기존 임원들의 나이가 나보다 적다 보니 채용이 힘들다고 하는 회사도 있었습니다. 그러면서 채용이 급하지 않다고 하는데……. 채용 공고는 왜 올리는지 모르겠어요.”

“퇴직한 지 얼마 되지 않았는데도 정말 적극적으로 구직활동하셨네요! 그래도 취업하는 데 자신은 있으신지요?”

“그래서 이렇게 센터를 찾아오지 않았습니까? 도움을 받으려구요!”

1+1=2인가?

위 내용들은 K씨뿐만 아니라 모든 중견세대들이 한 번 이상은 경험하는 일들이다. 결론은 모집 공고는 적고, 채용은 까다로우며, 채용 조건은 열악하다는 말이다. 자판기에 1,000원에 해당되는 스펙을 넣으면 최소한 800원에 해당되는 결과가 나와야 되는데, 500원에 해당되는 결과가 나온다는 뜻이다.

그야말로 ‘1+1=2’가 될 줄 알았는데 계산해보니 터무니없는 수치가 나온다. 중견세대들의 취업도 마찬가지다. 퇴직 이후 취업활동을 하다 보면 1+1=2라는 공식은 공식일 따름이다. 더욱이 생계를 위해 어쩔 수 없이 대리운전이나 단순노무 등의 일을 한다면 ‘1+1=-1’로 뚝 떨어진다.

중견세대들은 이러한 공식에 낙담하고 당황하게 되는데, 당황의 정도는 이제 막 취업활동을 시작한 사람일수록, 취업 준비가 안 된 사람일수록, 한 직장에서 오랫동안 근무하다 퇴직한 사람일수록 정도가 클 수 있다.

아! 옛날이여!

과거의 나의 위상은 어디로 갔는가?

1+1≠2가 정상이다

물론 중장년 세대라는 이유 때문에 모두 다 낮은 조건으로 취업하는 것은 아니지만, 대부분은 1/2, 1/3로 떨어진 낮은 연봉과 근무조건에 직면하게 된다. 1+1≠2라는 공식을 빨리 깨닫고 받아들이기 위해서는 구직활동을 직접 해보는 수밖에 없다. 그밖에 이직과 퇴직을 반복하면서, 취업센터 상담자들이 전해주는 정보를 통해서, 구직활동에 성공하거나 실패한 주위 경험자들을 통해서, 그 분야에 재직 중인 사람들의 입을 통해 깨닫는 것이 필요하다.

이러한 일련의 과정을 겪다 보면 자신을 수용하는 심리적 여지가 많아지면서 직업을 선택할 수 있는 양보의 폭이 넓어지게 된다. 하지만 더 좋은 것은 퇴직 이후에 이런 과정들을 경험하기보다는 재직 상태에서 미리 점검해보는 것도 필요하다.

1+1≠2가 기본이라면 차라리 1+1 = 3, Σ, ∞을 만드는 것은 어떤가?

고故 정주영 명예회장은 "기업인은 주판을 엎고 일할 때도 있다"라는 말을 했다. 어차피 사람이 하는 일! 불가능할 것이 무엇이냐는 말처럼 들린다. 아놀드 토인비는 그의 저서《역사의 연구》에서 이론적으로 어떤 현상을 설명하려고 애를 쓰면 쓸수록 우리가 이해할 수 있는 과정으로 발전되거나 그 과정이 소멸되지 않는다고 적시하고 있다.

역사나 문화는 최적 상태의 기후와 자연 조건, 또는 우수한 민족성을 바탕으로 발전되기보다는, 오히려 툰드라나 열대우림, 고원지대와 같이 열악한 자연과의 투쟁에서 비롯된다고 한다. 자연과의 도전에서 인간의 힘이 극대화되고 발현되어 역사가 발전되어 간다는 것이다.

취업에 성공한 사람들은 이와 같이 어려운 상황에서의 도전과 그 상황에 응전해나가는 알 수 없는 자신의 힘, 그리고 주위의 힘으로 취업에 성공하는데, 이건 토인비가 말한 '조우遭遇' 즉, '뜻밖의 만남'과 같은 것이다. 토인비의 '조우'가 바로 1+1 = 3, Σ, ∞인 것이다.

진로상담 분야의 최고 권위자인 존 크롬볼츠Dr. John D. Krumboltz가 주장한 '계획된 우연'은 "중장년세대들이 안정적인 직장을 구하는 것이 불가능해 보임에도 불구하고 우연한 기회와 예측하지 못한 일이 일어나도록 기회를 만든다면 우연도 필연이 될 수 있다"는 것을 말한다. 구직 활동도 인내와 끈기를 가지고 모든 가능성의 문을 열어 놓는다면 우연이 필연이 될 확률은 점점 높아질 수 있다.

다음으로 소개할 사례들은 '1+1=2'라는 수치만 생각했다면 오히려 좌절하고 실패했을 사례지만 우연한 기회를 필연으로 만들면서 1+1=3, Σ, ∞의 공식으로 만든 사례들이다.

S중공업을 정년퇴임한 A씨(58세)는 4개월 만에 B 중견건설 임원으로 취업했는데, 오픈잡open job인 취업사이트의 취업공고를 통해 성공한 케이스다.

"퇴직하고 난 후 집에서 키우는 강아지와 집만 지킬 줄 알았습니다. 그런데 이렇게 취업하고 보니 인생은 오래 살고 볼 일입니다"라며 기뻐하는 A씨. 그가 만약 1+1=2이라 생각했다면 구직활동을 포기했을 것이다. 하지만 적극적이고 긍정적인 도전을 통해 A씨는 1+1=3의 숫자를 만들어냈다.

오랫동안 경력이 단절됐던 B씨(46세) 역시 성공의 문을 연 사람이다. B씨는 사회생활 경력 16년 가운데, 사업 후 폐업, 경력단절, 이직 4번, 신용불량 등 그야말로 중소기업 취업도 힘든 조건을 갖춘 사람이었다. 하지만 다섯 식구의 가장으로 목구멍이 포도청이라 놀 수가 없어 낮에는 물건 배달, 밤에는 대리운전 등의 일을 하다가 센터를 방문하게 됐다.

우연이 필연을 만든 것처럼, B씨는 센터의 도움을 받아 S중견기업 해외영업부장으로 취업에 성공, 현재 인도에서 활동하고 있다. 그는 "다시 재기할 줄 몰랐습니다. 그런데 이런 일도 생기네요"라며 감격의 취업 소감을 전했다.

나이 때문에 유독 취업에 고생한 C씨(57세)는 센터에서 소개한 특성화·마이스터고 퇴직전문인력 우수강사 채용에 지원해 현재 지방소재 고등학교 강사로 활동 중이다. 그는 자신의 취업 성공에 대해 다음과 같이 털어놓았다.

"주위 퇴직한 친구들은 거의 집에서 나오지 않습니다. 하지만 난 취업은 해야 된다는 마음에 취업활동을 했습니다. 내가 도움을 받아야 할 곳이란 곳은 다 찾아갔습니다. 고진감래는 이럴 때 사용해야 할 용어인가 봅니다. 현재 내가 특성화 고등학교 강사로 활동하니 주위 친구들이 다 부러워하더군요."

조직생활을 안 한 공백이 무려 30개월이었던 D씨(45세)는 아이들이 어려 열심히 돈을 벌어야 했던 가장이었다. 그동안 마음고생 한 것을 생각하면 다시는 생각하고 싶지 않을 정도라는 D씨 역시 취업센터의 도움으로 M중견업체 국내영업 차장으로 취업에 성공했다. 처음에는 본사가 울산에 있어 지방근무를 했으나 6개월 이후 실력을 인정받아 서울사무소 책임자로 발령 받았다.

나이에 비해 목소리가 우렁찬 E씨(60세)는 나이가 많으면 봉사밖에 일이 없다는 편견을 깨준 분이다. "센터장님! 저 이번 달에 몽골로 갑니다. 아마도 가게 되면 18개월 정도 일하다 입국할 것 같습니다." E씨는 2011년 무역협회를 통해 진행된 EBRD(유럽부흥개발은행)의 아시아, 아프리카, 중남미, 동유럽 중소기업 지원 및 자문 해외컨설턴트로 채용되었다.

외국에서 면접관들이 직접 국내로 들어와 진행된 면접을 통해 1차

대상자로 선정되었으며 이후 8개월이 지난 시점에 개도국 파견 자문 컨설턴트로 발령받은 것이다. 60세 나이라면 면접 기회조차 어려운 국내 현실에서 국제기구 해외컨설턴트로 채용된 E씨는 그야말로 1+1=2에서 1+1=∞을 만들었다.

주판을 엎어라!

그리고 자신만의 숫자를 만들어라!

그리고 자신만의 공식을 만들며 성공하라!

중소기업은 지피지기면 백전백승이다

센터의 벽시계가 벌써 4시를 지나고 있었다. K씨는 약속이 있는지 상담 도중 놀란듯이 손목시계를 쳐다보았다.

"어이구! 시간이 벌써 이렇게 되었네요! 오늘 센터에 들러 잠깐 일을 본다는 것이 나도 모르게 상담에 푹 빠진 것 같습니다. 선약만 없었다면 중소기업에 대해 이야기하고 싶은데요……. 사실 한 직장에서만 쭉 일하다 보니 새로운 곳에서 일한다는 것이 두렵기도 합니다. 먼저 퇴사한 친구들을 보면 중소기업이 만만치는 않은 것 같아요."

"사실입니다! 그래도 선생님은 이전 직장이 중견기업이라 중소기업에 입사해도 적응은 잘하실 것 같은데요. 오히려 대기업을 퇴직한 사람들이 퇴직 이후에는 더 힘들 수 있습니다."

"사실 저 역시 과거에 대기업 경력자가 들어오면 속으로 '어디 잘하나 보자!' 하면서 괜한 시기심과 경계심이 있었습니다. 쓸데없는 열등감이었죠. 대기업 퇴직자 10명 중 한두 명만이 중소기업에 입사해서 그만두지 않고 적응한다고 들었는데, 그래도 난 적응은 잘 하겠지요?”

“맞습니다. 새로운 환경에 들어가면 처음엔 적응하지 못하고 퇴사하는 경우가 많은데, 그렇다고 모든 사람이 다 그런 것은 아닙니다.”

“그렇겠죠! 사실 우리 같은 가장들이 직장을 그만두기란 쉽지 않은 일이지요! 하여튼 선약만 없었으면 더 이야기할 수 있었는데 아쉽습니다. 하지만 어설프게 갖고 있던 중소기업에 대한 선입견은 어느 정도 해소가 된 것 같습니다.”

K씨는 초기 상담이 잘 돼서인지 엘리베이터 문이 몇 번씩 열렸다 닫히는데도 불구하고 하던 이야기를 끝까지 마무리하지 못한 아쉬운 표정으로 헤어졌다.

K씨의 경우처럼 중견세대들이 대기업에 재취업하는 경우는 매우 드물며, 대부분은 중견(소)기업에서 일하게 된다. 중소기업중앙회 2009년 통계에 따르면 국내 중소기업 수는 약 307만 개로 그중 20명 미만의 사업장이 97% 이상을 자치하고 이중에서도 5인 미만 사업장이 87%를 차지한다고 한다.

우리나라 전체 근로자수로 본다면 88%가 중소기업에 종사하며, 나머지 12%가 대기업에 종사한다는 이야기다. 이러한 통계로 봤을 때 중견세대들이 일하게 되는 중소기업의 규모는 보통 50명 미만으로 봐야 한다.

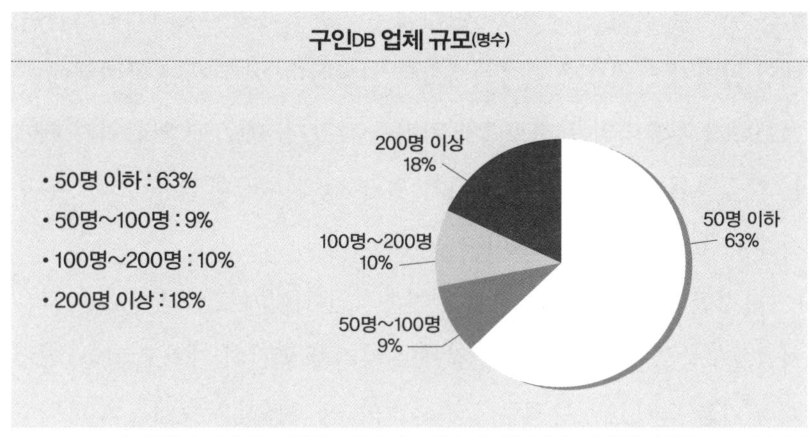

• 2012년 한국 무역협회 중장년일자리희망센터(구. 중견전문인력고용지원센터)에 구인의뢰 한 기업(근로자 수 기준) 통계

CEO는 CEO다

창업 초기에는 매출이 없어도 투자만 하는 시기가 있다. 독창적인 기술을 가져야 살아남는 기업의 생리로 볼 때 연구개발비에 몇 년을 투자하는 회사가 그렇다. 하지만 이렇다 할 가시적인 결과가 없을 경우에 회사를 끌고 가는 오너의 두려움과 불안감은 이루 말할 수 없다. 설혹 제품을 출시해도 완제품이 될 때까지는 클레임으로 인한 폐기처분, 부도, 공장화재, 경제위기, 거래계약 파기, 해외 외국회사들의 공세, 직원들의 퇴사 등 예측 못할 크고 작은 일들이 반복적으로 일어난다.

우수한 품질과 기술, 디자인이 있어도 해외시장에 나가면 대기업에 밀리고, 낮은 인지도로 경쟁업체에 밀려 시장 개척이 어려운 경우도 허다하다. 자동차 부품사로 32년의 역사를 가진 D사는 이루 말할 수 없는 위기를 겪어 왔다. 1970년대에는 거래업체의 부도 피해, 자금난, 폐업 위기가 있었으나 기사회생으로 일어섰다. 이후 신규 아이템에 도전했다가 기술력의 한계로 2차 위기를 맞았다. 1997년 외환위기 때에는 납품업체 대량부도로 3차 위기, 2008년에는 국제 금융사태로 원부자재 파동 등 수 차례의 고비를 맞았다.

하지만 파노라마처럼 펼쳐진 연속적인 위기에도 불구하고, 지금은 자동차부품업체 중 대표적인 업체로 자리를 굳건히 지키고 있다. 이렇게 위기를 넘기고 성공하는 중견(소)기업의 공통점은 오너들의 탁월한 위기관리 능력이다. 성공한 중견(소)기업의 오너들은 한결같이 이렇게 말한다.

"세상 모든 일은 항상 자기 뜻대로 되지 않습니다! 그러나 적극적이고 능동적이고 진취적인 생각으로 행동하는 사람들은 결국 어려움을 극복하고 성공을 이루어냅니다!" 이것은 위기가 닥칠 때마다 절망하기 않고, 위기를 눈물로 극복한 오너들의 냉정함이 있었기 때문에 가능한 것이었다.

간장독에 빠져라

대부분 오너들은 위 사례처럼 고군분투하면서 생존한 체질이 있어 나약하고 허약한 중견세대들을 원하지 않는다. 중견(소)기업 오너들은 비즈니스 마인드가 있고 CEO의 시각에서 모든 일을 처리할 수 있는 근성 있는 중견세대들을 절대적으로 원한다. 즉, 오너보다 더 열심히 일해야 한다는 소리다.

죽어라 힘들게 취업활동을 해서 어렵게 중견(소)기업에 입사해도 여러 가지 보이지 않는 경우의 수로 인해 3개월 만에 계약이 파기되거나 스스로 버티지 못하고 퇴사하는 경우가 많다. 특히 대기업을 갓 퇴직한 중견세대들은 조직보다 개인의 능력에 의해 좌우되는 중견(소)기업의 새로운 문화에 적응하지 못하거나 낮은 자세로의 마인드 전환이 잘 되지 않아 더 많이 힘들어한다.

중견(소)기업에 입사한 중견세대가 겪는 불만

- 오너가 자기중심적이고 누구의 말도 안 들어요
- 오너에게 전적으로 의지하다 보니 방침에 일관성이 없고 주먹구구식입니다
- 조직보다 사람이 중심이 되다 보니 업무 효율성이 낮습니다
- 급여가 1/2, 1/3으로 떨어졌습니다
- 출근시간은 있어도 퇴근시간이 없습니다
- 직원들이 문제가 있어도 관리자에게 보고하지 않더군요
- 조직원들의 대화방식이 거칠고 험합니다
- 회사가 가족·친지들로 구성되어 있습니다
- 비전이 안 보이고 발전 가능성을 찾지 못하겠습니다
- 오너가 경비를 너무 안 씁니다

　이러한 문제들은 오너의 문제, 기업의 문제도 있지만 어느 면에서는 오너와 기업 입장에서 공감하고 이해하는 능력이 부족해서 일어난 문제일 수도 있다. 중견세대들이 중견(소)기업에 입사하게 되면 처음 1~2개월은 오너에게 충성된 모습을 보여야 하며, 휴가를 반납하는 한이 있더라도 일하고자 하는 의지를 보여야 한다. 무슨 일이든 적당히 하는 것은 금물이며 아무리 작은 조직이라도 무시하지 않는 마음자세가 중요하다.

　묵묵히 일만 하는 관리자가 되기보다는 회사에 관련된 정보를 수집하고 조직의 역할관계를 파악해야 한다. 특히 임원들은 오너와의 의사소통이 중요하다 보니 사내 정보에 더 밝아야 한다. 비록 20년 넘는 회사 경력이 있다 해도 중소기업 오너와의 관계를 구축할 때는 새 술은 새 부대에 담는다는 마음가짐을 가져야 한다.

　오너에게 자신의 의견을 말하고 받아들여지지 않으면 작전상 후퇴하는 것이 처음 적응기간에는 중요하며, 부작용도 최소화할 수 있다. 오너의 자존심을 건드리는 것을 절대 삼가야 한다.

　중견(소)기업은 조직을 해치는 직원이 있더라도 회사와 고락을 함께한 기존직원이라면 그 사실을 알면서도 묵인하는 경우가 있다. 한마디로 신규 직원이 충성심을 잘못 발휘하면 기존 직원들에게 배척당하고, 왕따도 당한다는 소리다.

　하지만 중견(소)기업의 장점은 대기업보다는 일의 강도가 적고, 스트레스가 대기업보다는 적으며, 직원들이 승진이나 성과에 대해 경쟁심이 적다 보니 협조적이며 인간적이고 순수하다. 개인에 따라서는 자기 능력을 십분 발휘할 수 있으며 스스로 퇴사하지 않는 한 정년까지 신분을 보장받을 수도 있다.

2011년 헤드헌팅 회사를 통해 모 중견기업 영업 이사로 입사한 S 씨는 계약서에 도장도 마르기 전에 억울하게 퇴사하는 일이 벌어졌다. 이유를 알고 보니 같이 입사한 동료 임원 중 한 사람이 회의 과정에서 회장과 의견 충돌을 일으키면서 넘지 말아야 될 선을 넘었기 때문이었다. 함께 입사한 덕분에 서로 의견을 나누며 돈독해진 것이 화근이었다.

S씨 역시 1년 이상 취업활동을 통해 힘겹게 입사한 회사임에도 불구하고 본의 아니게 동료 임원과 동반 퇴사하게 된 것이다. 물론 회사를 위해서는 책임감을 가져야 하고 혁신도 중요하지만 입사 초기에는 무엇보다도 오너와의 신뢰를 구축하는 것이 더 중요하다.

이 일에 종사하다 보면 CEO를 만날 기회가 여러 번 있는데 중견세대들에게 요구하는 조건을 물어보면 한결같이 CEO 마인드가 있는 사람을 원했다. 오너들도 회사를 운영하다 보면 답답하고 외로움을 많이 느낀다.

오너들이라 해서 만능해결사가 아니다. 그들도 비즈니스를 하면서 사기도 당하고, 의사결정 실수로 금전적 손실은 물론, 전문인력 및 기술 부족, 자금 부족으로 운영의 실패를 겪는다.

또한 직원을 믿고 키워 놓으면 대기업에 스카웃되는 등 벙어리 냉가슴을 앓는 경우들이 비일비재하다. 중소업체의 경우 전체 직원 가운데 차·부장급, 임원이 차지하는 비율은 불과 5%~10% 내외로 적다.

중견세대들은 그 5% 안에 포함된 사람으로, 오너만큼의 리더십으로 95%를 책임져야 할 위치에 있는 것이다. 때문에 중소기업 오너들이 중견인력에 대한 기대감은 그만큼 절실하고 클 수밖에 없다.

그러니 중견(소)기업에 입사하면 내 집, 내 가족이라는 마인드로 임하라! 남의 집에 잠시 방문한 방문객 마인드는 버려라! 간장 맛을 보지 말고 간장독에 빠져라!

내 사람을 만들어라

대기업을 퇴직한 후 처음 중견(소)기업에 입사하게 되면 생각보다 녹록지 않음을 깨닫게 된다. 상사는 상사대로 당신을 견제와 경쟁의 대상으로 생각하고, 부하는 부하대로 기존 틀에서 벗어나지 않으려고 반발이 강할 것이다. 기존 조직원들은 내부 승진의 기회가 박탈될 것 같은 두려움과 업무 영역에 대한 침해와 위협으로 자기 방어적이고 폐쇄적인 태도로 대응한다.

경영기획 총괄임원으로 재취업에 성공한 L씨(54세)는 한 번의 시행착오를 겪으면서 다음과 같은 조언을 했다. "입사와 동시에 새로운 조직문화를 빨리 파악하고 사내 네트워크를 형성해야 합니다. 자신의 역량 발휘는 새로운 조직의 문화와 관행을 완전히 파악한 후 수용과 변신을 통해 실행해도 늦지 않습니다. 중소기업이라도 보이지 않는 파워 게임에 밀리다 보면 칼도 제대로 뽑지 못한 채 회사를 그만두게 됩니다."

중견(소)기업에 적응하기 위해서는 설사 업무 방식이 비효율적이라도 오너의 스타일을 이해하는 것이 성과보다 더 중요하다. S 대기업을 퇴사하고 중견기업 기획 분야에 입사한 P씨(52세)는 15년 이상 기획 일을 해온 터라 업무 수행에 큰 어려움이 없을 줄 알았다. 시장조사, 사업 분석, 신규 사업 선정 등 열심히 과제를 기획하고, 수행했으나 이 기업의 프로세스는 이와는 다르게 진행된다는 것을 알았다.

즉, 이 기업의 의사결정은 오너에 의해 결정되고 직원들에게 전달되는 속도도 빠르다 보니, 자신이 그동안 준비했던 일들이 시간 낭비, 비효율적 방법이 된 것이다.

이때 P씨는 '대기업 임원으로 있었던 내가 이 회사에서 계속 버틸 수 있을까?'라는 생각으로 며칠 동안 잠을 설쳤다고 한다. 하지만 P씨는 포기하지 않고 사내 정보 수집을 위해 관계 형성을 먼저 시작했다. P씨는 주위의 따가운 시선을 무시하고 자기 사람 만들기에 나섰다. 부서원 부인 생일 챙기기, 아기 출산기념품 보내기, 어린이날 선물 챙기기, 야근 시에 반드시 직원과 식사 함께하기 등 사원들과 격의 없는 대화를 나누기 시작한 것이다.

그러다 보니 조직문화와 오너의 특성을 알게 되었으며, 직원들의 가정사, 애로사항 또한 알게 되었다. 결국 P씨의 이러한 노력 덕분에 그는 입사 8개월 만에 매출 30% 증가 및 상상 외의 이익률도 올려 자신의 지위를 확고히 굳히게 되었다. P씨는 "대기업에서는 부하직원들에게 명령식 의사전달을 했는데, 지금은 명령보다는 직원들을 다독거리고 존중하는 마음으로 일한다"고 했다.

오너다운 근성이 필요하다

기업체에서 중장년 세대들을 검증하는 1차 스펙은 나이, 경력, 아이템, 학력, 성과, 외국어 등이다. 하지만 최종 결정권이 있는 오너들은 스펙을 두고 고민하기보다는 지원자의 됨됨이를 고민한다. 즉 신뢰할 만한 사람이냐는 것이다. 신뢰란 오너의 경험과 직관에 의해 판단되는 것으로, 한마디로 오너 마음에 들어야 한다는 의미다.

오너들이 채용에 심사숙고하다 보면 1명의 임원을 채용하는 데 걸리는 시간만 해도 보름에서 한 달 이상 걸리며, 때로는 적합한 지원자가 나올 때까지 채용을 무기한 연기하기도 한다. 차·부장급 1명을 채용하는 데 청년층 5명을 채용하는 것과 같은 노력이 들어가며, 임원 1명은 청년층 10명을 채용하는 노력만큼이나 까다롭다. 오너들이 요구하는 중견세대들의 신뢰 조건은 '근성'이다. 이는 열심히 하는 근성, 노력하는 근성, 충성하는 근성, 책임지는 근성, 겸손의 근성이다.

베트남 법인장으로 취업에 성공한 H씨(45세)는 입사하자마자 1시간 일찍 출근해서 제품 공부, 베트남어 스터디를 하고, 하루도 빠짐없이 생산부서로 달려가 직원들과 기계 조립을 했다. 그러면서 야근, 휴가 반납 등으로 일을 하다 보니 짧은 시간 내에 오너로부터 신임을 얻게 되었다. 이후 베트남 법인장으로 파견된 H씨는 그 다음해부터 베트남 판매 실적 1위, 개인 실적 1위, 판매신장 1위 등 경이로운 성과를 이루어냈다.

사회경력이 15~30년 이상 되다 보면 이력서를 아무리 상세히 풀어 적는다 해도 내용이 거의 비슷하고 크게 차별화가 되지 않는다. 중소기업이라 해도 채용만큼은 하나의 파이pie를 두고 치열하게 경쟁하기 때문에 그저 그런 근성만으로는 성공할 수 없다.

아무리 구멍가게를 운영하는 오너라도 색깔이 무채색인 직원을 채용하지는 않는다. 그러니 중소기업이라도 1명 이상의 직원과 그 가족을 먹여 살리는 '오너'라는 단어 앞에서는 겸손해질 필요가 있다.

중견(소)기업체의 의사결정은 오너 중심으로 이루어지기 때문에 진행 속도가 빠르고 일사불란하다. 그러니 처음 입사해서 맡겨진 업무에 완성도를 높인다고 시간을 지체하다 보면 오너가 요구하는 업무 속도를 따라가지 못한 채, 일 또한 진척이 어렵게 된다. 중견(소)기업체 오너들과 이야기하다 보면 중견세대들이 입사해서 아무리 열심히 해도 6개월 안에 결과를 만든다는 것은 결코 쉽지 않다고 말한다. 이유는 아무리 능력이 뛰어난 중견세대라도 오너들은 처음부터 전권을 맡기지 않기 때문이다.

전권을 맡기지 않다 보니 제한된 범위에서 일의 성과를 낸다는 것은 100% 불가능하다. 때문에 오너는 이제 갓 입사한 중견세대에게 당장의 성과를 요구하지 않는다. 그보다 더 중요하게 생각하는 것은 결과를 만들어내기 위한 관리자로서의 근성, 태도, 성향, 열정, 성실, 충성도 등이다. 중견세대들은 입사 초기부터 시장조사, 사업 분석, 신규 아이템 선정 등 결과를 내기 위해 노력해야 하지만 오너와의 코드 맞추기도 신경 써야 할 것이다.

중견세대들을 컨설팅하다 보면 '취업에 성공하더라도 새로운 환경에 적응할 수 있는가'에 대해 염려가 되는 사람들이 있다.

C씨(43세)는 2개 외국어 구사 능력에 박사졸업 학위를 받은 경력에다 다수의 프로젝트 경험이 있는 능력 있는 구직자였다. 하지만 그 분야의 특성 때문인지 회사 이직이 7번이나 되었다. 이력서를 수정하면서 코스닥 상장기업체 관련 경력을 보완하라는 제안에 그는 "나는 속이는 것을 원하지 않는다. 있는 그대로 제출하겠다"라고 말했다.

컨설턴트들이 핵심경력 중심으로 기술하라는 의미는 기업체를 속인다는 의미보다는 기업체 인사담당자들이 핵심 내용을 보기 편하게 만들어주라는 배려의 의미가 더 크다. 또한 같은 내용을 반복해서 기술하다 보면 장점을 발견하기보다는 단점을 발견하기 쉽다는 점도 있다.

C씨는 다양한 프로젝트 경험과 능숙한 외국어 실력 때문에 취업이 되기는 했으나 입사 2개월 만에 퇴사했다. 일은 열심히 잘했으나 주위 상사와 부하 직원들 간의 상호이해와 협조가 안 됐다는 것이 인사담당자의 설명이었다.

C씨 사례 외에 재직 시 비서가 해준 습관 때문에 자신의 이력서조차 컨설턴트가 작성해주길 바라는 사람, 좋은 인맥이 있어도 자존심 때문에 활용을 못하는 사람, 취업활동은 하지 않으면서 상담사들에게 해달라고 요청만 하는 사람, 원하는 급여가 아니면 지원을 거부하는 사람 역시 취업이 되더라도 적응 기간이 매우 짧았다.

중소기업은 다양성에 대한 개방적인 자세가 필요한 곳이다.

지방근무나 해외근무도 나쁘지 않다

오랫동안 해외근무를 해서 국내 인맥이 부족한 사람, 외국어가 능숙한 사람, 해외 네트워크가 강한 사람, 해외에서 요구하는 축적된 기술이 있는 사람 등은 국내보다 해외근무가 나을 수 있다.

중견세대들이 임원으로 입사하게 되면 가장 많이 마주치는 사람이 오너인데, 오너의 경영스타일, 성향과 기질을 처음부터 맞추기란 여간 힘들지 않다. 본사에서 근무하다 보면 오너와 마주치는 일이 많고, 수시로 회의에 불려가 여러 가지 이야기들을 듣게 되고 오너들의 비난과 질책에 크고 작은 스트레스를 받게 된다.

"더러워서 더 이상 못해 먹겠네!"

"오너 스타일이 저와 정말 안 맞습니다."

재취업에 성공한 중견세대들이 취업을 한 후 위와 같은 말들을 하면 이후 한동안 연락이 끊어지면서, 나중에는 다시 구직활동하는 경우들을 많이 봐 왔다. 그렇기 때문에 기회가 된다면 본사와 떨어진 지방근무나 해외근무가 초기 회사 적응에는 오히려 편할 수 있다. 중견(소)기업은 오너들 중 나이가 많은 오너들은 2선으로 물러서서 2세에게 경영을 맡긴 경우도 있는데, 2세들 대부분이 해외 유학파에 나이가 적게는 35세~45세다 보니 나름 개방적이나, 100% 국내파이면서 2세 경영이 진행 안 된 기업들은 오너들 대부분이 성격이 불같다 보니 아니꼬운 마음에 사표를 던지는 경우가 비일비재하다.

우스운 예로 생산품질 총괄임원으로 입사한 K씨(50세)는 임원회의 중 오너가 훈시할 때 '욕'까지 다이어리에 적는다고 한다. 들을 때는 스트레스가 쌓이나, 적어놓은 '욕'의 수를 세다 보면 웃음이 절로 나오면서 스트레스가 오히려 풀린다고 한다. 중견(소)기업에 적응하려면 이처럼 자기만의 스트레스 해소 방법도 필요한 것 같다.

그와는 반대로 외국투자기업 CFO로 오랫동안 근무한 L씨는 6개월 실직 이후 나름 건실한 제조업체 부사장으로 입사했다. 희망했던 제조업체에 처음 들어가긴 했으나 입사하자마자 쏟아지는 오너와 공장직원들의 거친 말투와 행동들, 자금의 불투명성 등으로 스트레스를 받다 보니 입사 5개월도 채우지 못하고 퇴사하고 말았다.

이처럼 중견세대들이 조직에서 별 탈 없이 잘 지내기 위해서는 중견(소)기업에 대해 확고한 정신무장이 되어 있지 않으면 힘들 수 있다. 이 때문에 때로는 본사와 떨어진 지방근무나 해외근무도 나쁘지 않다.

져서 울지 말고, 울면서 승리하라

중견(소)기업은 '중소'라는 단어를 썩 좋아하지 않는다. 이유는 대기업과 중소(견)기업을 매출, 자본, 직원 수 등으로 규정짓는 외형적인 기준은 다를 수 있으나 기업을 경영하는 오너의 입장에서는 구멍가게라도 마인드와 의식은 대기업과 동일하기 때문이다.

오너들이 기업을 경영하는 투지와 열정, 정신력은 대기업이나 중소기업이나 다르지 않다. 오히려 대기업에 비해 자금력이나 브랜드 인지도, 열악한 해외 네트워크, 기술력 부족, 고급인력 부족에도 불구하고 해외시장에서 당당히 성공하는 중소기업을 볼 때 그에 대한 인식도 이제는 달라져야 한다고 본다.

국내 중견(소)기업도 대기업 못지않게 기부, 봉사 등으로 이윤을 사회에 환원하고 있으며, 근무 환경이나 복지 면에서 대기업을 능가하는 업체도 증가하고 있다. 창립 17년을 맞은 B사는 세계 120여 개국 600여 파트너와 거래하는 글로벌 네트워크를 확보하고 있으며, 리더십 교육, 직무교육, MBA 등 연간 교육시간만 해도 160시간에 달하고 있다. 물론 이 정도의 중소기업이라 하면 중견세대들도 입사를 주저하지 않겠지만 이러한 중소기업도 과거에는 3D업종에 해당되어 구직자들이 입사를 회피했던 적이 있다.

중소기업은 사업하기 힘들다. 브랜드 네임이 없는 중소기업은 대기업에 밀리고, 정부 정책에도 밀린다. 또한 해외로 나가면 중소업체이기에 다국적기업 구매부장을 만나는 일만도 1년이 걸릴 수 있다. 설사 만난다 하더라도 단 5분의 시간만 할애해주는 경우도 있다. 하지만 몇 번을 뒤집어지고 엎어져서 오랜 노력 끝에 독자적인 기술을 획득하고, 지속적인 품질인증 획득과 제품사양 규격화 등을 통해 마침내 성공한 기업들이 중소기업이다. 우리 사회가 성장 가능성보다 외형적인 면만 중시하다 보니 취업을 하더라도 기업을 이해하기보다는 선입견을 갖고 대하는 경우가 많다.

어느 중소기업 오너는 이 말을 가슴에 새기면서 살았다고 한다. "져서 울지 말고 울면서 승리하라." 중견세대들이 중소기업에 적응하기 위해서는 울면서 승리할 수 있는 마인드가 필요하다. 중소기업에서 성공한 사람만이 진정 중소기업을 중소기업이라 말할 자격이 있다.

중소기업 선택 요령

그렇다면 오너의 마인드로 함께 일할 좋은 중소기업을 고르는 요령에는 어떤 것이 있을까? 다음과 같이 정리해봤다.

사업 분야 및 업력業力을 파악하라

이력서를 지원하거나 면접을 준비한다면 회사 홈페이지는 기본적으로 파악해야 한다. 회사의 업력業力, 아이템, 주력제품, 추진하는 사업 분야, 미래 가능성 여부를 파악하라. 혹시 사업계획서 작성, 프레젠테이션, CEO와의 면접을 준비해야 한다면 지원회사뿐만 아니라 경쟁회사의 사업 분야까지 파악해야 한다.

재무구조를 파악하라

기업의 재무구조는 금융감독원 전자공시시스템http://dart.fss.or.kr의 기업정보를 통해 파악할 수 있으나 소규모 중소기업은 파악이 어려운 것이 단점이다. 기업의 재무 상태는 한해 대차대조만을 보고 판단하기보다는 최소 3년 동안의 흐름을 봐야 하는데, 이유는 당기 순이익이 마이너스라 해도 매출과 영업이익 등 숫자적으로 플러스로 성장하는 회사가 있기 때문이다.

일반적으로 경영기획, 재무, 마케팅, 영업에 종사한 중견세대들은 재무구조를 파악하는 데 별 어려움을 느끼지 않으나 생산·품질관리, 연구 등 전문직에 종사한 구직자들은 이 부분에 취약할 수 있어 인맥을 통해 알아본다거나 취업기관의 도움을 받는 것도 나쁘지 않다.

일반적으로 재무구조가 취약한 업체는 단기간의 성과를 요구하기 때문에 오너와의 갈등과 스트레스가 심하며, 상습적인 임금 체불도 피할 수 없다. 면접 당일 회사 및 직원들의 분위기를 살피거나 면접 시 정문 경비원이나 말단 직원들에게 조심스럽게 물어보는 것도 입사 후 실패를 피하는 방법이다.

세계 최초 신기술 및 독점 제품이 있는지 파악하라

독자적인 신기술 개발로 해외시장까지 판매 영역을 넓혀 국내에서

보다 해외에서 더 유명한 국가대표 강소기업, 히든 챔피언 기업들이 증가하고 있다. 입사하려는 기업이 연구개발 투자 비용 및 성장 분야 투자 비율 등 10년 내 세계 초 일류기업으로 오를 기업인지 파악하라.

우수 제품, 국제 발명품, 국제기준, 특허, 디자인, 인증, 자기상표, 친환경적인 안정 제품 등은 회사의 성장과 안정성을 파악하는 데 좋은 기준이 된다. 토종기술로 세계적인 상품을 개발하고, OEM을 거부하면서 독자 브랜드로 승부하는 회사들은 오너들의 의지와 힘이 큰 회사들이다.

간혹 현장 경험이 없는 순수 이공계 출신 오너들은 기술력은 있으나 회사 경영에 있어 고집이 세고, 조직이 확대될 시점에 있어서는 변화와 적응 속도가 느릴 수가 있으나, 이 경우 중견세대들은 경영의 불만과 성급함을 피하고 오너의 조력자로서 도와주는 역할이 필요하다.

세계를 무대로 뛰는 글로벌 기업

대기업들이 해외시장에서 올리는 매출은 80% 이상으로 국내시장보다 크게 높은 편이다. 중견(소)기업 역시 내수 부진과 내수 포화상태로 소규모 중견(소)기업조차도 해외시장 진출을 적극 시도하고 있다. 이 때문에 시장 다변화, 신 시장 개척, 차별적인 해외 마케팅 등 해외시장을 이해하고 트렌드를 주도하는 중견(소)기업인지를 파악하는 게 좋다. 하지만 해외시장은 첫 술에 배부르지 않듯이 처음은 고전하고 실패할 확률이 높다. 이를 이겨내고 2차 교두보를 확보하고 재차 시도하는 중견(소)기업은 해외시장도 성공할 확률이 높다.

특히 독점일 경우는 해외시장에서 성공할 확률이 더 크다. 이들 기업은 국내보다 오히려 해외에서 더 유명하다. 2000~2009년 동안 상장 483개 부품소재기업 대상으로 조사한 결과 대기업 납품만으로는 성장에 한계를 느껴 해외시장으로 진출하는 기업이 늘고 있는데, 해외 진출기업과 미 진출기업의 매출 격차가 4.6조원에 이르고 있다(조선일보 2012.10.23).

최근에는 정부 및 공공기관 등에서 해외진출 사업에 대한 지원 제도와 더불어 일자리 창출 사업을 확대하고 있다. 2012년처럼 수출이 부진한 시기는 정부 지원이 더 강화될 수 있다. 최근 중남미, 아프리카, 중동 등의 해외사업이 확대되고 있어 이 지역 전문가나 해당 언어가 능숙한 중견세대라면 중소기업에 입사해 마지막 열정을 불태울 수 있다.

CEO의 유형 및 조직문화

중견(소)기업의 조직문화와 기업의 성패는 오너의 자질에 달려 있다 해도 과언이 아니다. 오너가 사업 확장 등 자금관리를 방만하게 하는지, 연구개발 투자비용 및 신 성장 동력사업에 비전이 있는지 파악하라. 또한 10년 내에 해외기업과 견주어 일류 기업으로 오를 비전이 있는지, 끊임없는 혁신과 도전하려는 의지가 있는지 파악하라.

조직문화와 관련해서는 수용과 배려, 유연하고 다양한 의사소통, 조직원들을 고객처럼 잘 대해주는지 여부를 살피면 된다. 사내 분위기를 볼 때는 직원들이 자신의 일에 자부심을 느끼고 일에 몰입하고 서로를 신뢰하는지, 직원들이 서로에 대해 배려하고 일에 대한 열정, 경쟁업체에 대해 이기려 하는 경쟁 마인드, 능동적인 자세가 있는지를 파악하라. 하지만 많은 부분에 있어서는 오히려 중견세대들이 중소기업에 입사해 개선하고 혁신해야 될 부분들이 더 많을 것이다.

직원들의 복지 및 사회공헌

안정화된 중견(소)기업은 직원에 대한 투자와 사회공헌에도 관심이 높다. 급여, 인센티브, 교육비, 주택, 자녀학자금 등에 있어 대기업만큼 혜택을 주는 업체도 있으며, 일자리 창출, 후원, 기부, 장학금 지원 등 사회봉사 등으로 사회 공헌하는 업체도 있다. 하지만 이것 역시 소규모 중견(소)기업에서는 언감생심이다.

오히려 중소기업에 취업할 경우 중견세대들이 정부에서 지원하는 중소기업 지원제도(급여 및 시설 지원 등)가 무엇인지 사전에 파악해 기업에 제시하는 것도 누이 좋고 매부 좋은 일이다. 일부 중소기업들은 이러한 제도를 빠지지 않고 이용하면서 정부로부터 지원금을 받고 중견세대들의 전문성은 전문성대로 활용하는 기업들이 늘고 있다.

성공한 중견(소)기업들의 키워드

- 세계를 뛰어넘어 신화를 창조하는 사람들

- 누구도 관심을 보이지 않던 분야 개척

- 뛰어난 핵심 기술력과 아이디어로 세계 1위 자리에 등극

- 아무리 오지라도 맨투맨으로 개척하는 투지와 도전 정신

- 다국적 기업과의 경쟁에서 이기는 기술력과 아이디어

- OEM을 거부하고 독자 브랜드로 승부하려는 노력

- 시련을 기회로, 자살의 문턱에서 재기에 성공

- 토종 기술로 세계적인 상품을 개발

- 세계적인 기술력에 디자인과 디지털을 가미

- 사소함에서 의미를 창출하고 우연한 기회를 잘 포착

- 과감한 변신으로 새로운 부문 절대강자로 도약

- 앞뒤 안 보고 수십 년간 한 우물만 판 기업

- 친환경 제품으로 세계 시장 석권

- 차별화된 마케팅 전략으로 고객 확보

- 전량 수입에 의존하던 핵심부품 및 소재를 국산화에 성공해 국내 산업
  발전에 기여

[2012년 한국무역협회 제공자료]

하지만 중요한 것은 아무리 우수한 중견(소)기업이라 해도 이 모든 조건을 다 갖추기란 쉽지 않으며, 규모에 따라서는 근로조건이나 조직 문화 등이 열악한 기업도 많다. 또한 잘 나가는 업체는 직원들의 이직

이 낮다 보니 사업 확장이 아니면 채용계획도 없으며, 오히려 반대로 이직이 높은 회사일수록 채용이 자주 일어나다 보니 이 사실을 알게 되면 지원도 쉽지 않다.

하지만 그럼에도 불구하고 중견(소)기업을 바라보는 시각은 각자 다르다. 키코 사태 이후에 경영이 어려워진 S중견기업은 이를 극복하기 위한 방안으로 해외시장에 주력했다. 그러면서 해외경력이 풍부한 중견구직자들을 채용했는데, 이런 사실을 알고 처음부터 지원을 거부한 사람이 있는 반면, 알면서 회사를 일으켜보겠다는 마음에 지원한 사람도 있었다.

그 당시 S기업체에 입사한 5명 중 3명은 2년이 지난 현재까지도 인도, 베트남, 중국시장을 누비면서 매출을 올리고 있다. 중견(소)기업에 대한 눈높이를 50점으로 할 것인지, 70점으로 할 것인지, 90점 이상으로 할 것인지는 스스로 결정해야 한다. 하지만 위에서 언급한 것처럼 긍정적인 사고를 지닌 중견세대들은 중견(소)기업의 객관적인 수준이 50점이라 해도, 70점을 주고 입사해 유감없이 최선을 다한다.

기업정보 사이트

기업 규모, 신용도, 운영실적 등을 확인할 수 있는 사이트
- KIS report DB(NICE 신용평가정보제공): www.kisreport.com
- 한국기업데이터: www.kedkorea.com
- 중소기업청 우수중소기업: www.goodcompany.go.kr
- 한국경제 전문자료관: http://report.hankyung.com
- 매일경제 기업정보: http://cominfo.mk.co.kr

오너들이 선호하는 중견구직자

'경영의 신'으로 불리는 이나모리 가즈오(稻盛和夫) 교세라 명예회장 겸 일본항공JAL 회장은 "능력, 인간성 중 하나를 고르라면 '인간성'이다"라고 말했다. 중견(소)기업 오너들 역시 직원을 채용할 때 능력과 실력보다는 인간성을 더 따진다는 점에서 이나모리 가즈오 회장과 크게 차이가 없다. 중소기업은 대기업과 달리 시스템이 아닌 사람이 일을 하기 때문에 그만큼 한 사람의 역할이 중요하며, 이 때문에 임원을 채용할 때 채용 기간이 한두 달 이상 걸리는 것은 당연하다.

최근 대기업 신입사원 채용조건을 보면 스펙보다는 인성, 창의성, 도전정신을 더 따지는 추세다. 나이를 불문하고 능력보다는 능력을 배가시킬 프로정신과 사명감으로 똘똘 뭉친 사람을 이 시대는 더 요구하는 것 같다.

중견(소)기업은 기술력과 제품력으로 승부를 보는 기업이 많다. 그 정도로 사람에 대한 신뢰, 제품에 대한 신뢰, 고객에 대한 신뢰는 기업의 성패를 좌우할 정도로 중요하다. 때문에 연구, 생산, 품질관리 분야는 나이가 60세가 넘어도 전문기술이 있다면 지속적으로 채용하고 있으며, H대기업은 은퇴한 기능·기술직 퇴직인력을 다시 채용해 해외로 보내고 있다. 하지만 그럼에도 불구하고 중견(소)기업 오너들은 좋은 사람을 선호한다.

일례로 해외영업이나 법인장을 채용할 때는 능력보다는 정직성과 책임감을 더 따진다. 해외로 나가게 되면 시장 자체가 외롭고 힘들기 때문에 본사에서 실적 압박을 받다 보면 일부러 매출을 속여 본사로 보고한다든지, 서류에 주문량을 늘리고 재고를 쌓아둔다든지, 투명하지 않는 회계처리로 금전적인 손실을 발생시키는 등 문제가 많이 일어나기 때문이다. 이 모든 것은 고객과의 신뢰, 거래업체 간의 신뢰, 더 나아가 해외지점 존속 여부에도 막대한 영향을 미친다.

또한 중견(소)기업은 한 사람에 부여한 권한이 많으면서 다양한 일을 소화해내야 하기 때문에 일이 많을 수도 있고 그렇지 않을 수도 있다. 경우에 따라서는 어떤 중견(소)기업은 차장이나 과장, 대리의 업무가 비슷한 경우도 있다. 업무와 역할이 애매하다 보면 조직 분위기가 나태해지고 비전까지 없어지면서 조직이 무기력해진다. 이러한 조직 분위기에서 부하 직원들에게 비전을 제시하고 다독거려줄 사람이 필요한데 그 역할을 해줄 사람이 중견세대인 것이다.

그렇다면 중견세대들은 누구에게 동기부여를 받아야 하는가? 그건 회사가 해주는 것이 아니고 본인 스스로 해야 되기 때문에 그만큼 자기관리와 책임이 필요하다. 특히 제조업체일 경우는 불량률을 제로로 하면서 100% 완성품까지 만들어내야 하기 때문에 직원들의 성실, 근면, 책임감까지 이끌어내야 한다. 그러니 긍정적인 에너지가 넘치지 않고서는 직원들을 다룰 수가 없다.

오너들이 중견관리자들의 인간성을 파악하기 위해 잘 사용하는 방법이 식사食事다. 오너들은 식사를 통해 자신의 결정이 옳았는지 여부를 확인한다. 즉 편안하고 안락한 장소에서 1시간 이상 허심탄회하게 이야기를 하면 면접 장소에서 파악하지 못한 성향, 태도, 관리자로서의 업무 능력 등을 알게 되는데, 실제로 이와 같은 방법으로 채용이 100% 결정됐다가도 거절되는 케이스들을 여러 번 보았다.

이런 이유 때문에 중견구직자들은 면접클리닉을 반드시 한 번쯤 받는 것이 필요하며, 새로운 조직 분위기에서 매출 증가, 품질 향상, 내수시장 확대와 해외시장 개척 등 자신의 각오를 긍정적이고 설득력 있게 전달하는 의사소통 스킬이 필요하다. 하지만 이 모든 것의 마중물은 겸손, 배려, 공감 능력이라는 것을 명심해야 한다.

내가 기억하는 구직자 중 K씨(45세)는 H그룹을 퇴직한 사람으로 중견기업에 서류를 제출한 후 2차 면접을 본 상태였다. 그러던 중 토요일 4시경에 회사 부사장으로부터 전화를 받았는데, 갑자기 6시까지 회사로 들어오라는 연락을 받았다는 것이다. 이때 대부분 구직자들은 갑작스레, 그것도 주말에, 더 나아가 저녁에 오라고 한다면 핑계를 대던지, 주저했을 것이다. 하지만 K씨는 망설임 없이 "지금 바로 가겠습니다" 라고 대답을 했다.

이러한 긍정성은 어디를 가더라도 인정받는 최대의 무기가 된다. K 씨가 입사한 후 부사장에게 K씨의 채용 이유를 물으니 "사람이 참 성실해 보여 채용했다"는 것이다. K씨는 입사 1년 만에 이사로 승진했으며 회사 매출 및 순이익 면에서도 인정할 만한 성과를 내고 있다.

'중견인력'과 '중견전문인력'의 차이는 무엇인가?

노동시장에서의 중견이란 단어는 통상적으로 한 분야에 최소 10년 이상 근무한 사람들로, 직급은 차장급 이상을 말한다. 하지만 중견(소) 기업체에서 요구하는 사람은 '중견인력'이 아닌 '중견전문인력'이다.

'중견전문인력'은 한마디로 회사를 위해 목숨 걸고 싸우고 매출과 이익의 승전가를 울리게 하는 전략가, 지휘자, 사령관, 그 실무자들이다. 업무 능력으로 따진다면 문제를 해결하고, 성과를 올릴 정도의 기획 능력과 위기관리 능력, 네트워크가 탁월한 인재들이다.

'중견전문인력'은 런던 올림픽에서 한국체조 52년 만에 첫 금메달을 안겨준 양학선 선수와도 같다. 양학선의 기술은 난이도 7.4로 3바퀴(1,080도)를 비튼 뒤 착지하는 기술로 전 세계적으로 양학선 선수만이 할 수 있는 독보적인 기술이다. 양학선 선수가 더 뛰어난 이유는 열악한 가정환경 속에서도 굴하지 않고 자신을 이기고, 세상을 이긴 긍정성이다. 이처럼 '중견전문인력'은 다른 사람들이 하기 힘든 난이도의 일을 해냄으로써 회사 성장에 없어서는 안 될 역할을 하는 사람들이다.

이에 반해 '중견인력'은 한 직장, 한 분야에서 10년 이상 일은 했지만 성과, 업적, 목표와는 거리가 먼 순환보직 업무, 일정 기간 반복해서 하다 보면 누구나 그 업무를 소화할 수 있어 회사나 일에 큰 영향을 주지 않는 사람들을 말한다. '중견'에서 '중견전문'으로 전환하기 위해서는 직무 일관성은 유지하되 전략적 사고, 문제해결, 성과 달성, 조직통솔, 네트워크 유지 등 난이도 있는 업무를 반복하거나 결과를 산출해내는 관리업무로의 전환이 필요하다.

즉 일반관리경력자는 영업업무로 전환하거나 해외영업은 법인장으로, 재무(CFO)는 경영과 기획업무를, 생산·품질관리는 공장장으로 직무의 범위를 넓혀야 '중견전문'이라는 레벨이 붙을 수 있다. 하지만 중요한 것은 어떤 일을 하든지 간에 '중견전문'의 마인드로 일해야 한다는 것이다.

많은 사람들이 중견(소)기업에 들어가면 여러 가지 어려운 환경과 이유를 들어 불만을 표시하고 낙담하고 부정적이 된다. 이 때문에 이직을 반복하는 사람들이 있는데 그러한 사람들은 어디를 가서도 '중견'으로밖에 남지 못한다. 중견(소)기업은 모든 일을 오너가 주도하기 때문에 '중견전문인력'의 존재감이 필요하지 않다고 말한다. 하지만 처음부터 사람을 믿는다는 것은 어불성설이다. 그동안 믿었던 직원들을 힘들여 키워놓으면 대기업이나 경쟁업체로 떠나거나 거래업체나

아이템을 빼돌려 시장을 흐리고 회사에 손해를 입히는 직원들로 인해 사람에 대한 배신감을 느끼는 오너들도 많다. 물론 일부 중견(소)기업 오너들도 직원을 실망시키는 사람도 있긴 하나, 그럼에도 불구하고 서로간의 신뢰란 무엇보다 중요하며 그만큼 서로 간에 인내와 기다림도 중요하다.

"소가 없으면 마구간은 깨끗할지는 몰라도, 소의 힘으로 얻는 것도 많다."

좋은 조건, 환경에서 일하는 것만이 최선은 아니다. 열악한 조건에서도 최선을 다해 노력하는 사람들은 환경에 대한 적응력이 커지고, 능력과 자원도 확장되는 것을 종종 볼 수 있다.

네트워크 능력

인맥 좋은 사람이 성과도 좋다는 말이 있다. 인맥은 단지 핸드폰에 번호가 등록된 사이, 아는 사람, 편한 사람, 정기적으로 만나는 사이가 아닌 '목적을 위해 서로 긴밀하게 도움을 주고받는 양질의 관계, 개인적 능력'이라 할 수 있다. 인맥은 정보와 아이디어를 수집할 수 있도록 하며, 영향력을 갖고 일을 좀 더 빠르고 순조롭게 할 수 있게 만든다. 중견(소)기업체 오너들은 중견구직자들의 이력서를 보면서 누군가의 이름을 대며 "이 사람 아느냐?"라는 질문을 많이 한다.

그건 중견(소)기업체 오너들의 과거 직장 동료나 상사일 수 있고, 기업체의 주요 거래업체이거나 경쟁업체일 수도 있다. 오너와 알고 있는 인맥과 통하다 보면 면접이 1시간을 넘을 정도로 대화에 역동도 생긴다. 특히 인맥을 더욱 중요시하는 경우는 대기업체 협력사이거나 그 업종에 경쟁업체가 많을 경우, 공공·정부기관과 사업이 연결된 경우, 특허·인증문제, 시장 확대, 시장초기 진출 시점 등에서 더욱 요구된다. 일부 중견(소)기업체는 ○○기업체, ○○기관, ○○연구인력 경력자 및 퇴직자들을 대놓고 주문하는 경우도 많다.

인맥도 실력이다! 중견세대들은 이력서 및 면접 시 인맥 리스트를 작성할 필요가 있다.

추천받은 자

'인맥'과 동일선상에 있는 것이 '추천'이다. 추천은 평판조회와 버금가는 역할을 해주면서 인맥 과시 역할도 해준다. 중견구직자들은 추천에 의해 채용되는 확률이 80% 이상일 정도로 성공률이 높다.

센터를 방문한 K씨(51세)는 8개월 동안 100통 이상 이력서를 지원했지만 취업이 되지 않아 낙담하고 있었다. 하지만 등잔 밑이 어둡다는 말처럼 혹시나 하는 마음에 추천해줄 사람이 있냐고 물어보니, 마침 한국에 잠시 귀국한 친구 P씨가 있었던 것이다. 친구 P씨는 M중견기업체 유럽 법인장으로 있었는데 탁월한 업무 스타일로 오너의 신뢰를 한몸에 받고 있었다.

이 업체가 센터에 의뢰할 때는 45세 이하인 사람만 추천해달라고 했는데, 구직활동은 1+1≠2이 아니다 보니 K씨의 나이가 많더라도 밀어붙이기로 했다. P씨 역시 친구다 보니 K씨를 적극 추천하게 되었으며, 3번의 면접과 1회 프레젠테이션을 통해 한 달 만에 일본 총괄법인장으로 최종 합격했다. 원래는 헤드헌팅을 통해 채용할 예정이었으나 '사내추천'에 의해 채용된 케이스로, 이처럼 추천은 실패의 위험을 감소시켜 준다.

중견구직자들이 50세가 넘으면 동종 업종에서는 인맥을 통해 일하고 싶어도 과거에 데리고 있던 부하직원이 최고임원으로 있다 보니 그 밑에서 일한다는 것은 서로 불편하다. 하지만 K씨처럼 IT분야에서 치·의료 분야로 전환할 경우는 동종 업종이 아니기 때문에 불편함을 줄일 수 있다.

대기업 경력자

규모가 있는 중견(소)기업체들은 대기업체 퇴직자들을 선호한다. 어느 기업은 S대기업체 퇴직자만을 원하는 경우도 있다. 그 이유는 '판'을 바꾸고 싶기 때문이다. 글로벌 기업체로 성장하기 위해서는 오랫동안 유지해온 구태의연한 시스템을 대기업 시스템으로 바꿀 필요가 있다. 일부에서는 중견(소)기업에서의 대기업 퇴직 임원의 유효기간은 2년이라고 하지만 이 또한 회사마다 다르다.

프로젝트 성격이 강한 경력을 제외하고는 나이가 50세가 되면 이직 횟수가 보통 3~5회 이상이 된다. 하지만 중소기업 오너가 요구하는 이직 횟수는 최소 2~3회다. 어떤 중견기업 오너는 관리자 및 임원 채용 시 이직이 2번 이상이면 이력서조차 받지 않는 경우도 있다. 이직이 많다는 것은 그 분야에 일관성이 없을 수 있으며, 대인관계가 좋지 않고, 충성도가 떨어진다고 생각하기 때문이다. 또한 이직이 많은 사람은 일에 불만이 많고, 스트레스 내성이 약하며, 성과 면에서도 인정받지 못해서라고 판단한다. 이직이 많은 구직자일 경우는 이력서 클리닉과 취업지원센터를 통한 추천 등의 노력이 필요하다.

세상에 공짜는 없다. 노력하지 않으면 시간이 지나도 문제가 해결되지 않는다는 점을 명심하기 바란다.

CEO가 선호하는 중견인력 채용 조건

1) 과거를 깨끗이 잊어라!

한 중소기업 CEO는 중소기업에 입사하게 되면 과거에 잘 나갔던 시기는 깨끗이 잊으라고 말한다. "내가 과거에는 어떤 사람이었는데!" "예전에 근무한 회사는 이렇게 대우해줬는데"와 같은 과거의 습관, 스타일, 마인드는 일에 방해가 될 뿐만 아니라 기존 조직과 중소기업 문화에도 적응하지 못한 채 퇴직할 수 있다. 과거를 깨끗이 잊고 출발하는 것이 힘든 변화에 견딜 수 있는 개방적인 자세다.

2) 성과보다 과정이다

중소(견)기업에 입사하게 되면 성과보다 CEO와의 신뢰, 믿음이 더 중요하다. CEO들은 이 기간을 보통 6개월에서 1년으로 보는데, 여기서 요구되는 능력은 스피드, 열정, 적극성이다. 중소기업은 시간이 생명이기에 일을 찾아서 하는 적극성과 열정적인 마인드가 필요하다. 보통 중견인력들이 회사에 입사하면 무조건 성과에 몰입하게 되는데, CEO들은 성과보다는 이 사람이 지속적으로 근무할 사람인지를 판단한다. 성과를 기대하는 기간이 1~2년이라면, 직원을 판단하는 기간은 3~6개월 정도면 가능하다는 것이다.

3) 기존직원들과의 조직 융화력을 만들어라

CEO들이 가장 많이 요구하는 것 중에 하나는 조직 융화력이다. 대기업과 달리 중소기업은 이직이 많은 곳이다. 대기업에서는 직원이 상사로부터 스트레스를 받아도 회사를 퇴사하는 일이 많지 않으나 중소기업은 다르다. 기존의 조직 문화를 해치지 않는 범위에서 기존조직과 불화 없이, 융화와 협조가 잘 이루어져야 한다. 중소기업에 맞는 눈높이와 겸손한 성품, 리더십 등이 반드시 필요하다.

4) 겸손하라

CEO들은 중소기업에 들어오면 희생할 각오를 하라고 한다. 아무리 임원이라도 창고의 박스도 같이 나를 수 있는 적극적인 근무 태도를 원한다. 겸손하지 않으면 조직 안에서 왕따가 될 뿐 아니라 부하직원들을 통솔하기도 힘들다. CEO들이 최종 면접에서 가장 중요하게 생각하는 것이 있다면 인성, 성향, 성품인데 중소기업맨이 되기 위해서는 일부 자기 희생이 필요하다.

5) 중견전문인력으로의 전문성

대기업 퇴직자들이 중소기업에 입사하게 되면 자기 분야에 전문성은 있으나 전체를 보는 눈은 부족하다고 말한다. 중소기업의 전문성은 자기 전문 분야에 박식한 스페셜리스트보다는 경영, 영업, 생산, 회계 등 다방면에 전문성이 있는 멀티스페셜리스트Multi-Specialist를 말한다. 또한 중소기업에서 요구하는 전문성은 혼자 잘나가는 독단적인 전문성보다는 CEO의 의도와 방향을 존중하는 전문성을 말한다.

[한국무역협회 중견(소)기업CEO 115명 설문 및 면접조사. 2012년 10월]

중견세대 취업에도 스킬이 필요하다

내 일에 주도권을 가져라

오늘 당장 직장을 잃는다면 당신에게는 어떤 일들이 일어날까? 앞으로 퇴직을 대비해서 준비하고 있는 계획은 있는가? 또는 퇴직 이후에 수입이 될 만한 다른 일에 대해 생각해봤는가?

오래 전부터 커리어 분야에서 떠도는 유행어가 있다면 "평생직장은 없으나 평생 직업은 있다"라는 말이다. 여기서 평생 직업이란 직장의 의미보다는 개인의 능력과 경험, 기술, 취미 등을 통해 퇴직, 정년, 은퇴에 구애받지 않으면서 자유롭게 오랫동안 일할 수 있는 나만의 일을 말한다.

보통 평생 직업은 오랫동안 직장생활을 하면서 해왔던 일들이 평생 직업으로 전환되거나, 실직, 퇴직, 은퇴 등 인생의 터닝 포인트 시점에서 삶의 새로운 패러다임을 통해 평생 직업으로 전환되고 있다. 때문에 중견세대들은 나이 40세가 지나면 자신의 능력, 기술, 지식, 취미,

특기, 자격 등을 바탕으로 앞으로 내가 하고 싶고, 좋아하고, 몰입할 수 있는 일이 무엇인지를 고민해봐야 한다.

그러면서 50세가 되기 전 최소 5년 이상을 퇴직이나 은퇴를 대비해 일과 비즈니스로 전환할 수 있는 나만의 일을 한두 가지 정도 꾸준히 준비해야 한다. 앞으로 중견세대들은 직장이 주는 일시적인 안정과 만족감은 내 것이 아닌 회사 것으로 돌리고, 계급장을 뗌과 동시에 지속적으로 일할 수 있는 진짜 내 것을 위해 열심히 뛰어야 할 것이다.

내 일을 만들어라

퇴직이나 은퇴 이후의 삶은 금전적인 준비와 투자만 있는 것이 아니라 내 일을 위한 준비와 투자도 있어야 한다. 내 일은 그 일을 함으로서 행복을 느끼고, 잘할 수 있고, 몰입할 수 있고, 재미있게 할 수 있는 일이어야 한다. 또한 내 일은 직장생활에서 축적된 경험, 역량, 인맥을 통해서, 개인적인 취미와 특기를 통해서, 새롭게 터득한 지식과 기술을 통해서 발견되고, 만들어지고, 재창조된다.

내 일을 위해서는 몇 가지 준비할 것이 있다.

첫째, 현재 직장에 쏟아 붓는 시간과 에너지의 일부를 직장이 아닌 미래의 삶을 위해서도 사용하고 투자해야 한다. 물론 직장생활을 하면서 얻는 승진과 명예가 다 나쁜 것은 아니다. 하지만, 만일 상위 5% 안에 들어갈 확률이 없다면 치열한 전쟁터에서 이길 수 없는 싸움에 집착하기보다는 내 일을 위해서 차근차근 계획하고 준비하는 사고의 전환도 나쁘지 않다. 직장에서 승진을 못했는가? 다르게 생각해보면 승진자에게 주어지는 과중한 업무와 성과를 위해 노력하는 시간만큼 평생직장을 준비하는 시간으로 활용할 수 있다. 정년이 보장되지 않아 일찍 퇴직을 했는가? 그렇다면 한 살이라도 더 젊은 나이에 평생직장을 위해 준비할 수 있는 시간이 주어졌다고 긍정적으로 생각하라.

둘째, 내 일을 위해서는 차별화가 있어야 한다. 즉 자신의 전문성을 자기만의 브랜드로 차별화시키는 노력이 필요하다. 이를 위해서는 지속적인 노력과 끈기, 열정이 있어야 하며 동시에 일에 대한 의미와 가치도 부여해야 한다. 56세에 박사 학위를 취득해 정년과 동시에 대학 산학협력 교수로 전직한 H은행 간부였던 K씨(57세), 식음료 분야에서 오랫동안 비즈니스 활동을 하면서 수집한 국내외 맛집을 어플리케이션으로 만들어 상업화한 L씨(52세)처럼 자신의 전문성을 차별화시키는 노력이 필요하다.

셋째, 내 일이란 적은 돈이라도 수익이 있어야 한다. 아무리 좋은 노하우와 아이디어가 있어도 혼자 즐기면 취미와 특기밖에 안 되나 상업화시키면 비즈니스가 된다. 수익을 위해서는 자신의 노하우와 전문성을 비즈니스로 연결 지을 수 있는 적극적인 활동이 필요하다.

아무리 정보화 시대라 할지라도 비즈니스란 사람과의 상호작용을 통해 이루어지기 때문에 앉아서 일하는 것보다는 직접 걸어 다니면서 일하는 마인드가 필요하다. 또한 일이 돈이 되기 위해서는 가랑비에 옷 젖듯 하더라도 퇴직 이후부터 시작하기보다 재직기간 동안에 하나 하나 준비하는 노력이 필요하다. 내 일을 위해서는 독불장군처럼 모든 일을 혼자 해치우려고 하거나, 남의 의견은 듣지 않은 채 독수공방하려고 하면 안 된다.

넷째, 사회성이다. 사회성은 성인이라 해서 저절로 완성되는 것은 아니다. 한 회사에서 오랫동안 근무한 사람, 인간관계 교류가 거의 없이 업무에만 초지일관한 사람, 영업력이 없거나 사내 대인관계가 부족한 사람에게서 사회성을 기대하기란 어렵다. 또한 브랜드 네임이 있는 회사에서 오로지 갑의 입장에서만 수십 년을 일한 사람, 창업 지식이나 경험이 부족한 사람, 인생에서 한 번의 실패 경험도 없는 사람, 실직 기간이 없이 쉬지 않고 일한 사람 등은 내 일을 준비하더라도 자기중심적일 때가 많다.

우스운 예로 회사에서 제공한 자가용만 오랫동안 타고 다닌 기업체 임원들은 지하철 노선이 어떻게 되는지, 버스 요금이 얼마인지를 몰라 외출은 잘하더라도, 집을 못 찾아 헤매는 일도 흔히 일어난다. 사회성이란 자기이해 능력, 대인관계 및 의사소통 스킬, 공감, 수용, 겸손, 개방적 사고로서 이러한 것들은 일뿐만 아니라 가정, 이웃, 사회생활에서도 중요하게 요구되고 있다.

피터 드러커는 "미래는 예측하는 것이 아니라 창조하는 것이다"라고 했다. 마찬가지로 내 일을 위해서는 새로운 직업을 창조하는 것도 나쁘지 않다. 우리나라 직업의 종류는 1,000여 개라고 하지만 퇴직과 은퇴 후 중견세대들에게 해당되는 직업과, 선택할 수 있는 직업은 이보다 적을 수 있다. 때문에 한 개의 파이를 두고 경쟁하기보다는 나만의 파이를 만드는 것도 한 가지 방법이다. 즉 개인의 일자리 창출인 셈이다.

평생 직업은 직장의 연장이 아니다

평생 직업은 직장과 다르다. 평생 직업은 8시간 근로가 아닌 그 이상도 될 수 있으며, 단시간 근로도 될 수 있다. 한 달에 한 번 정기적으로 나오는 급여에서 비정기적인 급여로, 팀 조직에서 1인 조직으로, 직장에 매인 생활에서 더 구속될 수도 있고 오히려 자유로운 생활로 바뀔 수도 있다.

고용과 직업은 더욱더 다변화되고 다양화될 것이다. 고용 현장에서는 생소한 직업들이 창출되고, 발굴될 것이며 고용 형태도 유연해질 것이다. 때문에 내 일을 준비하기 위해서는 지금까지 해왔던 일과 근무조건을 고집하기보다는 다양한 직업과 근무조건을 선택하면서 새롭고 다양한 경험을 쌓아가는 것도 필요하다. 즉 종일근무에서 파트타임으로, 정규직에서 프리랜서로, 조직에서 개인으로, 직장근무에서 재택근무로 선택의 유연성이 필요하다.

앞으로의 직업은 내 일의 목적을 이루기 위한 수단이 되어야지, 목적 그 자체가 되면 안 된다. 직장생활의 성취감과 주위의 인정은 재직 상태에서만 유효한 것이지만, 내 일을 위한 평생 직업은 퇴직 이후라도 지속적으로 유효하기 때문이다.

89세까지 수술을 집도한 슈바이처 박사, 71세에 '시스티나 성당의 벽화'를 그렸던 미켈란 젤로, 60세에 《레미제라블》을 쓴 빅토르 위고, 100세에 미국 화단의 스타가 된 미국 화가 그랜마 모제스는 직장이 아닌 직업인으로, 일에 있어서만큼은 자신의 삶을 주도한 사람들이다.

현재 내 삶의 주도권은 누가 갖고 있는가? 회사인가? 나인가?

내 삶에서 직업을 빼면 나에게는 무엇이 남는가? 좌절인가? 자신감인가? 직장이라는 울타리 때문에 행복한가? 아니면 또 다른 의미와 가치로 행복한가?

회사는 나를 평생 책임지지 못한다. 그야말로 앞으로는 내가 나를 책임져야 할 세상이다. 평생 직업을 준비하고 꿈꾸는 사람들은 삶의 주도권을 가진 사람들로 직장이 없어도 내 일이 있으며, 내 일이 없어도 내일을 위한 목표가 있다. 또한 당장 내 일이 없을지라도 스스로의 행복과 가치를 만들어 나간다.

주어진 삶에 안주하지 않고 3년, 5년, 10년을 준비했다면 비록 오늘 퇴직 통보를 받아도 현실이 두렵지 않다. 삶의 주도권이 자신에게 있는 사람은 직장을 잃어도 행복하며, 손해 보는 것이 없다. 그런 이들은 언제나 '나'의 존재를 인식하고 있으며, 의지의 대상이 직장이 아닌 '나'이기에 내 삶을 자신 있게 주도해 나간다.

57세에 금융회사를 퇴직한 C씨는 창업에 실패한 이후, 취업에 더욱 어려움을 느끼고 있었다. 그러던 터에 중소기업청에서 지원하는 시니어 창업교육을 수료했다. 창업교육을 통해 전문강사로서의 역량과 스킬을 익힌 M씨는 10년 전부터 취미로 연구한 웰빙운동기법을 상업화하여 M운동연구소를 창업했다. 현재 M씨는 노인복지회관, 기업체, 관공서 등에서 자신이 개발한 웰빙생활운동 강사로 활동하면서 월 150~200만 원의 수익을 올리고 있다.

중견기업에서 근무 중인 L씨(55세)는 평소에 좋아하던 골프로 내 일을 만들어나가고 있다. 그는 재직기간 동안 국제골프대회 참가 및 국제프로골프협회 회원등록을 통해 자신의 취미를 전문화시켰다.

퇴근 후 일주일에 세 번, 청소년 골프 강사로 투잡을 뛰고 있는 L씨는 "제2의 직업은 단지 좋아하는 일로 멈춘다면 취미밖에 되지 않습니다. 하지만 한 단계 높여 남과 차별화시킨다면 얼마든지 돈과 일을 동시에 만족시킬 수 있는 평생 직업으로 활용할 수 있죠. 저 같은 경우는 평소에 골프를 좋아하다 보니 청소년용 골프 교안을 만들고, 골프교실도 운영하고 있습니다"라고 말한다. 과거 한 번의 창업 실패도 겪은 L씨는 취업이나 창업이든 밑바닥에서 바닥 청소도 할 수 있을 정도로 정신적 각오가 되어 있어야 한다고 했다.

그런가 하면 30대 초반에 광고회사를 차린 K(54세)씨는 IMF로 인해 10년 만에 사업을 정리하게 됐다. 사업 정리 후 그에게 남은 것이라고는 갚아야 할 빚과 신용불량 딱지, 사업하면서 취득한 석사 학위, 그리고 광고업을 통해 배운 영업력과 PT능력이었다. "보통 회사가 부도나면 정리하고 정신 차리는 데 5년이 걸립니다. 하지만 망하고 보니 돈 없이 할 수 있는 일이라곤 강의밖에 없더군요. 사실 저는 내성적인 성격으로 남 앞에 서면 목소리가 떨려 발표도 못했는데, 광고 회사 오너가 되다 보니 영업이든, PT든 못할 것도 없더라구요"라며 당시를 회상했다.

그는 부도 이후 광고회사를 운영했던 경력을 살려 시간강사라도 해보고자 대학가를 전전하며 영업 활동을 했다. 불행 중 다행으로 그를 받아주는 곳이 있어서 그때부터 강의를 시작했다. 절박한 마음에 열정적으로 강의를 하다 보니 어느덧 강의 평가도 최고점수를 받는 강사가 되었다. K씨는 광고업을 하면서 배운 영업력과 PT능력, 대학에서 학생들을 가르친 강사 경험을 통해 자신에게 맞는 평생 직업은 중장년을 대상으로 한 교육 사업이라는 것을 깨닫게 되었다. 현재 K씨는 중장년층이 새롭게 일할 수 있는 교육사업 개발에 노력을 기울이고 있으며, 이를 통해 자신과 타인을 위한 평생 직업으로 발전시켜나가고 있다.

평생 직업은 조직에서 발휘된 역량과 전문성을 요구하지만 위의 K씨의 사례처럼 열정을 다해 부딪쳐보는 도전 정신이 더욱더 필요하다. 우리에게는 두 개의 손이 있다. 이중 왼손은 사용을 못하는 손이 아니라 사용하기에 불편한 손이다. 즉 장애가 있어 사용을 안 하는 것이 아니라, 오른손이 편하기 때문에 오른손만 사용할 뿐이다.

남 앞에 서면 목소리까지 떨려 힘들었다는 K씨가 생계를 위해 대학 강사로 성공하면서 교육기관을 운영하는 것처럼 삶에 근력을 키우고 싶다면 중량을 늘려야만 한다. 불편하고, 힘들고, 못한다고 포기한다면 사회경력이 20년이라도 늘 제자리걸음밖에 할 수 없다.

재직 당시 국내 영업 및 구매업무를 담당했던 M씨(60세)는 영업, 구매, 유통, 판매 등에 남다른 성과와 경력을 쌓았다. 하지만 그는 10년 전 회사를 퇴직하는 선배들을 보면서, 그리고 창업 실패로 퇴직금을 날리는 선배들을 보면서 자신은 경력관리에 실패하면 안 되겠다는 생각을 했다. 그전까지는 직장을 단지 승진, 인정, 급여, 성과를 대변하는 곳으로 생각했던 M씨는 생각을 바꾼 이후에 회사 일을 '내 일'을 준비하는 훈련장으로 여기기 시작했다. 즉, 일에 대한 목표가 달라진 것이다.

M씨는 영업과 거래처 발굴, 대인관계, 사내 인맥형성 등의 모든 일을 자신의 일을 준비하는 마음으로 열정적으로 임했다. 현재 그는 일의 경험과 노하우를 살려 유통회사를 창업했고, 성공적인 인생 2막을 살고 있다.

중견세대들의 스펙은?

중견세대들의 채용은 경력이 없는 청년층과 달리 매우 단순하다. 즉 기업은 A, B, C, D라는 명확한 조건을 갖고 있으며, 이 조건에 적합한 경력자가 나타나면 채용을 한다. 하지만 입맛에 딱 맞는 경력자는 만나기 힘들고, 구직자 역시 조직에 딱 맞는 경력자일 경우가 드물기 때문에 현장에서는 미스매칭이 빈번하게 일어난다. 그러나 이러한 미스매칭은 취업이 힘들다고 주눅 들어 있는 중견세대들에게 오히려 기회가 될 수 있다.

나이

중견세대들의 취업 연령은 크게 40~45세, 46세~50세, 50세~55

세로 구분할 수 있다.

40~45세는 중견세대라도 청년층에 속하는 나이로 다른 연령층에 비해 채용 비율이 가장 높다. 때문에 직종에 따라서는 취업활동을 얼마나 열심히 하느냐에 따라 성공률도 높아진다. 46~50세는 40대 중반과 50대 초반 사이에 낀 세대로 중장년 인턴 정부지원자금 대상에서 제외되는 등 혜택은 없으나 중소기업 임원 채용 시 가장 선호하는 연령층이다.

50세~55세는 그야말로 사각지대에 속한 세대로 취업을 해야 하는 절박함에도 불구하고 다른 연령층에 비해 취업이 쉽지 않은 연령층이다. 채용 면에서는 40세~45세의 경쟁자는 40~45세이지만, 50세~55세의 경쟁자는 46세~50세들이다.

하지만 주눅 들지 말자! 회사는 45세까지를 채용한다 해도 46세 이상을 채용하는 경우도 있으며, 50세까지라 해도 55세 이상을 채용하는 경우도 있다. 즉, 나이가 채용의 기준은 될 수는 있으나 오너 입장에서는 나이보다 일 잘하는 맞춤형 전문가를 더 선호한다는 뜻이다.

얼마 전 외국투자법인 회사로부터 구인 의뢰가 있어 센터에 등록한 구직자 A씨와 B씨를 추천했다. A씨는 48세였으며, B씨는 52세였다. 두 사람 모두 경력과 역량은 나무랄 데 없다 보니 오너가 누구를 선택해야 할지 고민이 많았다. 하지만 최종 결론은 B씨(52세)를 채용했다. 오너는 B씨가 회사에서 원하는 맞춤형 인재라고 하면서, 나이는 숫자에 불과하다고 말했다.

브랜드

중견(소)기업 오너들이 임원 채용 시 선호하는 유형은 대기업 퇴직자들이다. 어느 업체는 대놓고 S대기업 퇴직자를 요구하는 경우도 있다. 대기업 퇴직자를 선호하는 이유는 기술 개발과 제품 차별화에 대한 경쟁 전략을 위해서, 조직구조 개선과 정보시스템 개선, 인적관리 및 내부 시스템 변화, 대기업과 연결된 아이템, 네트워크 등을 활용하기 위해서다.

하지만 대기업 퇴직자를 선호하지 않는 중견(소)기업도 있다. 대기업 퇴직자를 채용했으나 오히려 실망과 시행착오를 겪은 중소기업은 오히려 대기업 퇴직자이면서 중견(소)기업체를 한 번 이상 거친 경력자를 더 선호한다. 즉 중소기업 CEO 10명 중 4명은 대기업 퇴직자를 선호하지 않았는데, 이유는 중소기업에 입사는 했지만 눈높이를 낮추지 못해 득보다 실이 더 컸다는 것이다.

이직 횟수

취업시장에서는 이직을 최대한 줄이는 것이 좋다. 일부에서는 이직을 통해 몸값을 높여야 한다고 하지만 이직률이 높은 중소기업은 여전히 이직에 대해 부정적인 생각을 하고 있다. 일반적으로 중견(소)기업에서 선호하는 중견세대는 이직 4번 이하, 한 분야에 8년 이상의 일관된 경력을 선호한다. 하지만 IMF와 외환위기를 겪은 대부분의 중견세대들은 이직이 4번 이상일 경우가 많은데 만일 이직 사유가 회사 폐업, M&A, 경영악화 등 타당한 이유가 있다면 이력서에 밝히는 것이 좋다.

혹 이직이 잦아 어떤 사항을 이력서에 입력해야 할지 고민이 된다면 이력서 작성 시 채용 분야와 일치하는 경력을 1순위, 채용 업체와 연관 있는 경력을 2순위, 근무 기간이 긴 경력을 3순위, 브랜드 네임이 있는 경력을 4순위로 하되 근무 경력이 1~2년으로 짧거나 채용회사와 무관한 경우는 이력서에서 삭제하는 것이 좋다. 그래도 이직 경험이 많아 걱정이 될 경우에는 사전에 전문 컨설턴트로부터 한 번 이상의 클리닉을 받는 것이 필요하다.

학력

중견세대들은 취업활동을 하면서 학력 때문에 아쉬워하는 경우를 종종 경험한다. 중견세대를 채용하는 일부 기업, 기관, 사업이나 양질의 일자리 등은 석사 학위 이상을 요구하기 때문이다.

시간적 여유가 많은 공공기관, 정부기관, 경제단체 경력자들은 재직 시 석사 학위를 취득하는 경우가 많으나, 야근이 많은 대기업이나 중소기업 퇴직자들에게 석사 학위 취득은 그야말로 말만큼 쉽지 않다. 하지만 자신의 경력 개발과 치열한 경쟁에서 밀리지 않기 위해서는 지속적인 자기계발이 필요하다. 이를 위한 대안으로는 그 분야에서 인정받을 수 있는 국내외 자격증, 기술·기능 자격증, 각종 인증, 외국어 등을 취득하는 것도 한 가지 방법이라 할 수 있다.

해외 경험과 외국어

최근 주요 대기업들의 해외 진출, 투자, 공장신설 등 외국에서 벌어들이는 매출이 전체 매출의 60~80%를 차지할 정도로 해외 비중이 커지고 있다. 중견(소)기업들 역시 해외수출 및 진출의 니즈가 증가하고 있고, 그러다 보니 정부에서도 적극 지원하는 추세다. 때문에 중견세대들의 해외경험(특히 해외주재)과 외국어 능력은 매우 유리한 스펙에 속한다.

특히 영어를 원어민 수준으로 하거나 2개 이상의 외국어를 구사하는 사람은 설사 나이가 많더라도 취업 가능성이 다른 구직자보다 더 높으며, 해외투자가 빈번한 나라의 주재경험과 문화까지 이해한다면 인맥 추천 이상의 효과도 발휘할 수 있다. 사례로 아프리카, 중남미에 진출한 기업은 스페인어, 포르투갈어에 능통한 사람을 채용하려 해도 지원자가 없어 오히려 구인난을 겪기도 한다.

중장년층의 외국어는 청년층과 달리 토익 및 토플 등 공인인증점수가 반드시 필요한 것은 아니나 일부 중견(소)기업, 공공기관, 정부기관 등은 외국어 인증을 요구하고 있어 경쟁력을 위해서는 취득하는 것도 나쁘지 않다. 일부 중견세대들은 스스로 원어민 수준이라고 자랑하지만 정작 면접장에서는 실력을 발휘하지 못해 탈락하는 경우도 종종 발생한다.

　무역협회 일자리센터에 구직 등록한 해외지역 전문가들은 외국어에서 상당한 실력자들이 많다. 하지만 외국어 인증 점수가 없거나 있어도 오래 전에 취득한 경우가 많다. 얼마 전 센터를 방문한 P씨(52세)는 최근에 토익 점수가 920점이 나왔다고 자랑을 했는데 중견세대들도 청년층 못지않다. 이처럼 취업의 가능성을 높이기 위해 과거 10년, 20년 전에 받았던 외국어 인증은 잊고 새롭게 다시 도전해보는 것은 어떨까?

연봉

　기업의 연봉 기준은 기업체 규모, 매출 및 영업이익, 포지션에 따라 다를 수 있다. 매출이 높아도 영업이익이 낮아 연봉이 적을 수 있으며, 매출이 낮더라도 영업이익이 높아 연봉이 높을 수가 있다. 또한 중소기업이지만 대기업 정도의 연봉을 주는 회사도 있으며 해외주재로 나갈 경우는 국내 연봉보다 평균 1,000~2,000만 원 이상 차이가 나는 경우도 있다. 중견(소)기업체의 중견인력 연봉은 임원급은 6,000~9,000만 원, 차부장급은 4,000~6,000만 원이다. 하지만 중소기업에 따라서는 임원이라 해도 4,000만 원을, 차부장급은 2,500~3,500만 원을 받는 경우도 있다.

　전경련 설문에 의하면 중장년에 대한 제조중소기업 연봉 수준은

3,000만 원 내외(31.9%)가 가장 많았으며, 2,000만 원 내외(25%), 4,000만 원 내외(16.9%), 5,000만 원 내외는 3.2%에 불과했다(2013년 중소기업 50인 이상 258업체 설문 결과).

별도로 기업체에 따라서는 중장년을 채용하면서 60세 정년을 보장하는 조건으로 연봉을 낮추는 경우가 있으며, 구인난을 겪는 전문직 채용에 있어서는 나이가 60세가 넘어도 과거에 받던 급여로 채용하는 경우도 있다. 중견세대들을 컨설팅하면서 파악된 것은 40~45세는 연봉보다 회사의 규모, 발전성을, 46세~55세는 연봉과 직책, 안정성을, 55세 이상은 연봉보다 안정성 및 업무 내용을 중요하게 생각했다.

연봉을 결정할 때는 보수 외에 다른 혜택은 무엇인지 꼼꼼히 따지는 것도 필요하다. 즉 연봉 이외에 근무시간, 복리후생, 수당, 4대 보험, 식비, 보너스, 인센티브, 커미션, 교육비, 임금 인상 시기 및 인상률과 휴대전화 및 차량유지비, 퇴직금, 연금, 이주비용, 사택지원 등의 혜택이 있는지 알아보는 것이 좋다.

또한 직위에 대한 책임과 결과는 무엇인지 등을 근로계약서 작성 전에 명확히 할 필요가 있다. 하지만 일단 급여보다 일에 대한 관심과 열의를 보여주어야 하며, 비현실적인 요구는 피하는 것이 좋다.

핵심역량과 전문성

20~30대와 40~50대의 차이점은 전문성과 노련함, 경험과 경륜

등 그 나이가 아니면 모방하기 힘든 핵심역량이 있다는 것이다. 중견 세대들의 핵심역량과 전문성은 단순히 한 분야에 오랫동안 일한 경험 보다는 기술과 자금, 영업, 글로벌마인드, 열정과 경험, 태도, 인맥, 성과, 지적 능력 등에 있다.

경쟁전략 분야의 세계 1위인 마이클 포터 교수는 전술은 경쟁자가 하는 것보다 더 잘, 그리고 더 많이 하는 것, 그리고 경쟁자와 다른 것을 하거나 같은 것을 다르게 하는 것이라고 했다. 그래서인지 핵심역량이 우수한 사람은 취업활동도 잘하고 결과도 잘 만들어낸다. 취업을 위해서 다른 구직자보다 더 잘하고, 더 열심히 하면서, 차별화하는 것은 분명 성공적인 취업을 위한 핵심역량이다.

자신을 아는 만큼 자신을 이길 수 있다

중견세대들에게 "직업심리검사를 해본 경험이 있느냐"라고 질문을 하면 10명 중 한두 명만이 검사에 대한 정확한 기억을 갖고 있다. 하지만 대부분은 직업심리검사에 대해 전혀 알지 못하거나, 검사를 받은 경험이 있더라도 기억을 못하는 경우가 많았다.

중견세대들은 이렇듯 자신의 커리어를 고민하고, 미래를 설계하면서 살아왔다기보다는 주변 환경이나 상황에 맞춰 살아온 세대다. 때문에 자신이 무엇을 좋아하고, 무엇에 능력이 있으며, 무엇에 의미와 가치를 부여하는지에 대해 이해하지 못하는 경우가 많다.

그래서인지 중견세대들을 컨설팅하다 보면 20년 이상 일은 했지만 정작 자신이 하고 싶은 일은 따로 있었다고 말하는 사람이 있는 반면, 퇴직은 했지만 무엇을 해야 할지 아직도 모르겠다고 말하는 사람들도 적지 않다.

진로 결정에 도움을 주는 직업심리검사

직업심리검사는 취업과 창업, 이직과 전직을 결정하는 데 도움이 되며, 장기적인 인생설계와 자신에게 적합한 교육프로그램과 자격증을 선택하는 기준이 되며 시행착오를 줄여주는 역할도 한다. 또한 직업심리검사는 직장 적응, 대인관계, 일에 대한 몰입도, 성향, 행동 특성, 업무의 핵심역량 등을 파악하는 데 도움을 줌과 동시에 지금까지 깨닫지 못했던 나 자신을 이해하는 데에도 도움을 준다. 하지만 검사는 검사를 받는 것이 중요한 것이 아니라 검사 결과에 대한 정확한 해석이 더 중요하기 때문에 경험이 풍부한 상담사와의 심층 상담을 받는 것도 필요하다.

검사는 각 지역에 위치한 고용센터와 재취업지원센터 등에서 무료로 받을 수 있으며, 특히 고용노동부 취업사이트 워크넷(www.work.go.kr〉직업심리검사)에서는 적성검사, 흥미검사, 가치관검사, 창업검사 등 필요에 따라 11가지의 직업심리검사를 온라인을 통해 무료로 받을 수 있다. 그밖에 민간 심리검사기관을 이용하는 방법도 있는데, 유료이지만 전문가에게 심층상담을 받을 수 있다는 장점이 있다.

이제부터라도 중견세대들은 자신의 진로를 결정할 때 경험과 직관으로 결정하기보다 직업심리검사를 통해 체계적이고 합리적인 의사결정을 할 필요가 있다. 직업심리검사는 퇴직 이후에 받는 것도 좋으나, 이왕이면 재직기간 중에 받음으로써 퇴직 이후의 삶을 미리 챙기는 것도 나쁘지 않다.

얼마 전 대기업 임원으로 퇴직한 K씨(56세)는 직업심리검사를 통해 평소에 관심을 가졌던 문화재보수기술사가 자신의 적성과 흥미에 맞는다는 것을 알았다. 그는 문화재보수기술사를 준비하면서 "앞으로는 직업의 귀천이 없어질 것이며, 퇴직하면 남에게 보이기 위한 직업도 필요하지 않을 것입니다. 이제부터는 내가 행복하다고 느끼는 일을 하고 싶습니다"라고 말했다.

보건 분야에서 25년 이상 일했던 K씨(52세)는 퇴직 이후 재취업 목표도 당연히 보건 분야로 선택했다. 하지만 상담사와 상담하는 과정에서 이 분야가 중장년층 남자들에게는 진입이 좁고, 이직이 빈번하다는 것을 알게 되었다. 그래서 난생 처음 직업심리검사를 받게 됐는데, 몇 가지 검사를 받고 보니 추천 직업이 교사, 강사, 상담사, 사회복지사로 나왔다.

25년 동안 해온 보건 분야와 복지 분야에 전혀 무관하지 않다는 생각이 들어서 시작한 것이 사회복지사 자격증 취득이었는데, 운 좋게도 6개월 만에 2급 자격증을 취득하게 되었다. 이후 고용센터에서 진행하는 집단프로그램과 컨설턴트 양성 교육에 참여하면서 취업활동을 시작했는데, 이러한 노력 덕분인지 지방 소재 복지기관으로 취업에 성공했다. 그는 소감으로 "취업 성공이 인생의 성공은 아니나, 인생에서 자신에게 적합한 직업을 찾아 일한다면 취업 성공이 인생 성공이 될 수 있다"고 말했다.

외국계 회사에서 기술영업을 담당한 H씨(46세)는 회사 경영사정으로 퇴사한 이후 중소기업 두 군데를 거쳤으나 오래지 않아 일을 그만두었다. 센터를 방문한 H씨는 이력이 나쁘지 않은 덕에 경기도 소재 자동차 부품회사 기술영업 차장으로 다시 취업했다. 하지만 잦은 야근과 상사와의 갈등, 업무 불만 등으로 인해 직장 적응에 힘들어했다. H씨는 할 수 없이 센터 요청에 따라 휴가를 내서 센터를 방문, 심리검사를 진행했는데 스트레스의 가장 큰 원인이 대인관계와 의사소통에서 비롯되었음을 알게 되었다. 이전 회사에서도 똑같은 이유로 이직을 반복했다는 것을 상담을 통해 알게 된 후, 그는 스스로 변화가 필요함을 인식했다. 현재 H씨는 직장 스트레스가 있을 때마다 센터와의 전화 상담을 통해 중소기업에 적응하기 위한 근력을 키우고 있다.

심리검사 종류

직업가치관검사

직업가치관검사(20분 소요)는 직업을 결정하고 선택하는 데 기준이 되는 가치, 동기요인, 신념을 의미한다. 또한 직업가치관검사는 직장 적응, 직무 만족, 일에 대한 몰입도 그리고 이직을 준비하거나 새로운 뉴잡을 선택할 때도 필요하다. 직업을 선택하는 가치관에는 성취, 봉사, 변화 지향, 몸과 마음의 여유, 지식 추구, 금전적 보상, 안정 등이 있다.

직업선호도검사(흥미검사)

흥미란 개인의 호기심, 감정, 태도를 의미한다. 흥미검사는 직장생활이나 개인생활에 상당한 영향을 미치는데, 흥미가 낮으면 일의 능률이 떨어지고 생산성이 저조하지만, 흥미가 높으면 일에 열정이 생기면서 성공에도 영향을 미친다.

오랫동안 직장의 룰, 조직문화에 묵묵히 적응한 중견세대들은 한 번 정도는 자신의 흥미와 태도가 무엇인지 파악하는 것도 필요하다. 흥미검사에는 S형(25분 소요)과 L형(60분 소요)이 있다.

직업적성검사

적성검사는 직업에서 요구하는 능력과 자신이 보유한 능력을 비교할 수 있도록 해준다. 개인마다 능력에 차이가 있어 그 차이를 통해 업무 성과에 대한 가능성을 파악할 수 있다. 적성검사에는 언어, 추리, 수리, 기계적 지식 등 전문가적 잠재력이나 능력을 측정할 수 있는데, 차후 교육과 자격증 취득을 위해 흥미검사와 더불어 적성검사를 받는 것도 나쁘지 않다.

직업전환검사

지금까지 일했던 분야와 달리 전혀 다른 직업으로 전환하고자 할 때 성공 가능성에 대한 직업군을 추천해준다(20분 소요).

성격검사MBTI

성격검사는 개인의 독특한 특성 중 하나로 성향, 행동, 태도, 특징을 종합해서 설명해준다. 성격검사는 사고, 감정, 행동 양식 등에서 다른 사람과 어떤 차이점이 있는지 구분해주며, 실제 직장생활, 즉 조직이나 직무 특성, 개인 상호적응, 직무성과와 만족도에 있어서도 무엇이 영향을 미치는지를 알려준다. 특히 새로운 조직문화에서 원만한 대인관계가 필요하다면 성격검사를 받아 자신과 타인을 이해하는 노력도 필요하다.

커리어 앵커 Career Anchor

조직 내에서 가치와 행위를 배워나가고, 이러한 생각과 행위들을 어떻게 조직생활에 접목해서 발전시켜나가는가를 설명해주는 검사 도구다.

그밖에 잘 알려진 검사는 버크만Birkman 검사, 디스크DISK, 애니어그램, 규직효율성검사, 창업진단검사, 구직욕구진단검사, 영업직무 기본역량검사 등이 있다.

중견세대들의 진정한 눈높이란?

취업에서의 눈높이는 흔히 '○○정도면 ○○만큼의 대우는 받아야지!' 하는 스스로의 생각으로 개인이 자신에게 부여하는 주관적인 자기 평가다. 때문에 다분히 자기중심적이고 과거 지향적이다. 만일 그 눈높이가 구직 시장에 잘 맞는다면 다행이지만, 구직시장에서 먹히지 않는다면 현실적인 갈등이 시작되면서 구직활동 기간이 길어지거나, 이직을 반복하거나, 취업 자체를 포기하기에 이르기도 한다. 눈높이 조절은 이러한 갭gap을 줄이면서 자신과 타인, 그리고 환경을 수용하는 과정이다.

눈높이 조절은 쉽게 말하면 지금까지 편하게 입던 맞춤옷을 벗고, 시장에 나와 있는 기성복으로 갈아입는 과정이다. 하지만 기성복을 직접 구입해본 적이 없는 중견세대들은 디자인은 물론 가격, 질감, 사이즈, 브랜드 등 어떤 사항을 어느 수준에서 맞춰야 할지 혼란스럽고 망설여진다. 이 과정에서 경험이 많은 지인이나 의류전문가가 있다면 발품을 팔지 않고도 마음에 드는 좋은 옷을 싸게 구입할 수 있으나, 그렇지 못하면 옷을 구입하고도 후회, 반품, 교환 등을 반복하면서 자신의 경제력과 스타일에 맞는 옷을 찾게 된다.

취업시장도 마찬가지다. 한 직장에서 오랫동안 일하다 퇴직하면 다음으로 어떤 직장을 선택해야 할지, 내 경력에 맞는 업체는 어디인지, 과연 취업은 가능한지, 급여와 근무조건, 직책이나 회사 규모는 어느 정도까지 수용해야 하는지, 과거의 내 눈높이를 그대로 유지할 것인지 등 일정 기간 동안은 시행착오를 겪게 된다.

일반적으로 눈높이라 하면 무조건 눈높이를 낮추라는 의미가 현장에서는 강한데, 이는 모든 중견세대들에게 적용되는 것은 아니다. 어떤 구직자는 눈높이 자체가 너무 낮아서 오히려 높여야 하는 경우가 있으며, 어떤 구직자는 눈높이가 너무 높아 낮춰야 하는 경우가 있다. 또한 그 사이에서 자신의 눈높이를 조절해나가는 전천후형 구직자들도 있다.

눈높이 유형

위에서 언급했듯이 중견세대들의 눈높이는 유형에 따라 조금씩 다르다. 눈높이 유형에는 취업만이 살 길인 생계형, 과거와 현재 사이에서 갈등하는 갈등형, 제로베이스zero base에서 시작하는 전천후형, 갈등형과 전천후형의 중간인 변화형이 있다.

먼저 생계형은 주변의 어려운 상황으로 인해 앞뒤 안 가리고 무작정 입사해서 일하는 유형으로 눈높이 정도가 매우 낮다. 이러한 유형은 자신을 위해 직장을 선택하기보다는 생계 때문에 직장을 선택하다 보니 의사결정 자체가 무기력할 수밖에 없다.

이 유형에 속하는 사람들은 취업활동은 적극적이나 혼자서 하다 보니 정보에 취약하고, 취업정보도 주로 무가지 광고나 생활정보지에 의존한다. 때문에 취업을 하더라도 급여과 근무조건이 열악하여 이직을 반복하는 악순환이 계속된다. 이러한 유형은 취업 전에 중장년 취업지원센터, 아웃소싱 업체, 공공취업 지원센터 등을 방문하여 상담사들과의 관계를 구축하면서 취업지원과 취업 정보를 지속적으로 받는 것이 필요하다.

다음으로 갈등형은 회사를 처음 퇴직하거나, 한 직장에 오랫동안 근무하다 퇴직한 중견세대들에게 흔히 보이는 유형으로, 처음부터 자신이 원하는 눈높이가 정해져 있다 보니 회사 선택이 까다롭고, 취업에 성공하더라도 일부는 수용하고 일부는 부정적이어서 이직을 반복하는 유형이다.

이러한 유형은 중소기업에 입사하더라도 직장 내 갈등과 스트레스가 높기 때문에 변화관리가 제대로 되어 있지 않으면 이직을 반복하면서 구직 기간도 길어질 수 있다. 하지만 한 번 이상은 반드시 거쳐야 될 상황이라면 이러한 과정도 나쁘지만은 않다. 다만 상담과 교육을 통해 눈높이의 격차를 사전에 줄이는 노력이 필요하며, 자기탐색 및 직업심리검사를 통해 자기 자신뿐만 아니라 타인을 이해해보는 과정도 필요하다.

　전천후형은 취업의지가 강하고, 취업활동에 적극적이면서 긍정적이다 보니 생계형처럼 어디에서 무슨 일을 하든지 취업이 우선이고 눈높이가 나중인 유형이다. 하지만 생계형과 다른 점은 비록 양질의 일자리는 아니더라도 과거와 동일한 업무를 하는 등 나름대로 최소한의 취업 기준이 있다 보니 이직을 반복하더라도 악순환이 반복되기보다는 양질의 일자리로 자리 잡는 경우가 많다. 이 유형은 주변의 자원과 정보, 인맥 활용을 잘하며, 취업전략, 면접, 이력서 클리닉 등 취업교육 프로그램 참여에도 적극적이어서 혼자 취업활동 하더라도 프로답게 하는 경우가 많다. 이러한 유형은 중소기업에 입사하더라도 환경과 조건에 맞춰 눈높이 조절을 무리 없이 해낸다.

　마지막으로 변화형은 전천후형과 갈등형의 중간 유형으로 주로 행동적인 면이 강하고 글로벌 성향이 강한 구직자에게 많이 나타나는 유형이다. 전천후형처럼 취업의지가 강하고 취업활동도 적극적이나, 한편으로는 갈등형처럼 눈높이 수준이 있다 보니 자신이 원하는 일자리가 아니면 과감히 포기하는 경우도 많다. 하지만 일단 회사에 입사하게 되면 갈등형처럼 반신반의하기보다는 조직에 적응을 잘하며, 주변을 변화시키는 에너지도 강하다. 취업의지가 강하고, 취업활동에도 적극적이다 보니 취업성공률도 높은 편이다. 그러나 반대로 취업 기간이 길어지거나 어렵게 느껴지면 취업을 포기하거나 충동적인 의사결정으로 실패할 확률도 높기 때문에 담당 컨설턴트 또는 주변 사람들의 의견을 청취하는 노력이 필요하다.

위에서 언급한 것처럼 눈높이란, 주관적이고 자기중심적이며, 과거 지향적인 자기 평가를 객관화시키고 현실화시키는 과정이 가장 우선된다. 급여를 포기하고 일자리를 얻을 것인지, 정규직을 포기하고 시간제로 투잡을 할 것인지, 기존에 받았던 급여를 받으면서 해외로 나갈 것인지, 중소기업이지만 장래를 보고 일할 것인지, 기존에 해왔던 직무를 포기하고 직업 전환을 할 것인지 등을 결정하는 과정이다.

둘째로, 눈높이는 취업 전보다 취업 후가 더 중요하다. 기업문화에 적응하는 것, 직원들과 융화하는 것, 오너와의 관계를 잘 구축하는 것 등은 회사를 선택하는 일회성 정도의 눈높이가 아닌 지속적인 눈높이 과정이기 때문에 갈등 정도가 더 클 수 있다. 눈높이에 실패하다 보면 가장 쉽게 사용하는 것이 퇴사와 입사를 반복하는 것인데, 몇 번 회사를 옮겨 보면 구관이 명관이라고 오히려 처음 입사한 회사가 그래도 가장 나은 경우도 발생한다.

셋째, 눈높이에도 일관성이 있어야 한다. 눈높이의 포인트는 어차피 평생직장은 없어도 평생 직업은 있기에 일에 귀천을 떠나 기존에 쌓아왔던 업무와 동일하거나 유사하더라도 일관된 일을 하는 것이 중요하다. 하지만 상황이 어렵다면 자신이 진정으로 원하는 일을 장기적인 목표로 설정하되, 징검다리 이직을 통해 자신이 원하는 분야로 서서히 정착하는 것도 나쁘지 않다.

중소기업 CEO들이 눈높이에 대해 공통적으로 하는 말은 "진정한 눈높이란 위에서 아래를 보면서 맞추려는 노력이 아니라, 처음부터 아래로 내려와 아래에서부터 생각하고 행동하는 자세"라고 말한다. 즉 진정한 눈높이가 맞춰지기 위해서는 자신과 상대에게 수용적이고 겸손하지 않으면 안 된다는 것이다. 중소기업이라는 기성복이 모두에게 맞을 수는 없다. 그렇지만, 설사 기성복이 내 몸에 맞지 않고, 스타일과 디자인이 마음에 들지 않아도, 내 옷처럼 생각하고 내 스타일처럼 생각하면서 스스로 만족하는 마음가짐이 더 중요하다. 일부 대기업 퇴직자 중에는 과거에 입었던 대기업체 작업복을 중소기업에 입고 나와 오너와 직원들의 눈총을 받는 경우도 있었다.

삼성전자 경력컨설팅센터의 지세근 상무는 과거에 연연하지 말고 지원회사에 눈높이를 맞추라고 말한다. 아무리 능력이 뛰어나더라도 그 능력을 활용할 수 없다면 능력은 순식간에 무능력이 되기 때문에 설사 수입이 적더라도, 그 일로 행복을 찾는 것이 더 중요하다고 말한다.

중견세대들이 과거의 경력만 믿고 현실에 안주하려고 하거나, 쉽고 편한 직장을 생각한다면 환상을 꿈꾸는 것과 마찬가지다. 경력이 아무리 많더라도 회사에 입사해서 적응하는 동안은 신입사원의 자세로 임해야 한다. "내가 지금까지 ○○ 업무를 했으니 적어도 ○○ 대우는 받아야 한다"라는 자신감보다는 "내가 지금까지 ○○ 업무를 했으니 적어도 ○○는 노력해야 한다"는 겸손함이 더 필요하다. 물론 선택은 각자에게 달렸다.

한 번 취업이 종신고용은 아니다

"한 번 해병은 영원한 해병이다"라는 말이 있듯이 중견세대들은 한 번 취업을 영원한 취업으로 생각한다. 그래서 처음부터 원하는 직장을 찾으려고 이것저것 따지다가 실직 기간을 늘려나가는가 하면, 일 자체를 포기하는 사람도 있다. 중견세대들은 이직 자체를 힘든 것, 번거로운 것, 그리고 새로움에 대한 불안과 스트레스로 받아들인다. "일단 취업하고 나면 다른 회사로 옮기는 것은 어렵습니다" "취업하면 늦게까지 일하느라 취업활동 할 시간이 없습니다" "일단 취업하면 다른 회사 면접은 현실적으로 어렵습니다" 등의 고전적인 생각을 많이 한다.

사실 이 생각이 맞을 수도 있다. 하지만 이런 생각은 그야말로 고정관념일 뿐이다. 과거에는 한 직장에서 오랫동안 일할 수 있었으나, 지금은 그 누구도 지속성과 안정성을 장담하지 못한다. 이직이 자발적인 경우도 있으나 비자발적인 경우도 빈번히 생기기 때문에 이직이라는 징검다리를 잘 건너는 방법이 필요하며, 이 징검다리를 잘 건넌 사람만이 경력관리를 지속적으로 잘할 수 있다.

첫 술이라도 먹어야 힘이 생긴다

중견세대들이 퇴사 후 재취업까지 걸리는 기간은 평균 6~15개월 정도이며, 중소기업 CEO들이 선호하는 중견세대들의 실직 기간은 12개월 이내다. 하지만 말이 6개월, 12개월이지 가족을 책임지는 가장들에게는 1개월도 피가 마르는 시간이다(중장년 성공수기공모를 통해 들어온 수기를 읽으면 실직이 얼마나 뼈아픈 고통인지 실감할 수 있다).

실직의 고통은 실직을 경험한 사람만이 알 수 있다. 실직 기간이 길어지다 보면 생계의 문제뿐만 아니라 우울, 무기력, 자포자기 등 심리적인 문제도 크기 때문에 중견세대들에게 취업은 일단 첫 술이라도 먹는 것이 필요하다. 일단 허기를 채워야 그 다음에 다른 일을 진행할 수가 있다. 그동안 해왔던 일과 비교해서 만족스럽지 않거나 전혀 다른 일일지라도 이직을 전제로 어떤 일이든 시작하는 것이 필요하다. 취업사이트에 이력서를 올리고 보냈는데도 연락이 없는가? 취업을 부탁한 취업기관에서 좋은 소식이 없는가? 믿었던 헤드헌터로부터 매칭이 잘되지 않는가? 그렇다면 어떤 일이라도 시작하는 것이 필요하다.

센터에 등록한 구직자 중 일부는 재직자들도 많다. 이들이 취업기관에 등록하여 이직을 부탁하는 이유는 현재 일은 하고 있으나 급여,

근무조건, 거리 등 좀 더 안정적인 일자리를 찾기 위해서다. 하지만 이러한 여유도 첫 술이라도 먹어야 부릴 수 있으며, 의지할 언덕이 있어야 힘 있게 할 수 있다.

일본계 전자회사 상품기획 파트에서 15년 동안 근무하다 경영사정으로 퇴직한 L씨(46세)는 여러 차례 중소기업 면접을 봤고 심지어는 중국까지 건너가 인터뷰를 진행했는데도 실패했다. L씨는 더 이상 생계문제를 무시할 수 없어 집 근처 소규모 제조업체에 입사했는데 연봉은 과거에 받았던 연봉의 1/3 수준이었다.

매일 야근이 반복돼 피곤했지만 취업지원센터와의 지속적인 정보교류를 늦추지 않았고, 퇴근 후 밤 11~12시까지 1시간은 취업사이트를 검색하면서 이력서를 꾸준히 제출했다. 노력과 수고가 통했는지 2개월이 지난 시점에 취업사이트를 통해 지원한 모 중견기업의 상품기획 팀장에게 제의가 왔다. K씨는 "2개월 동안 소규모 제조업체에서 단순작업으로 몸은 힘들었으나 그래도 마음은 실직보다 힘들지 않았다"고 소감을 말했다. 그러면서 포기하지 않고 꾸준히 노력한 것이 좋은 결과를 가져왔다고 미소 지었다.

첫 술에 배부르지 않는다

모 중소기업 CEO는 중소기업에 입사하여 적응하는 자체를 생소한 두 사람이 만나 결혼생활을 하는 것과 같다고 말한다. 두 사람이 결혼해서 서로 이해하고 적응하는 데 걸리는 시간이 보통 10년이라고 하면, 중소기업도 마찬가지라는 것이다. 아무리 중소기업이라도 적응하려면 최소 5년 이상은 근무해야 하는데, 고작 1~2년 근무하고 맞지 않다고 퇴사하면 서로에게 상처가 되고 피해를 준다는 것이다. 즉 첫 술은 먹었으나 그렇다고 첫 술에 배부르기도 쉽지 않다는 소리다. 때문에 이직을 생각한다면 몇 가지 알아둘 사항이 있다.

첫째, 만일 첫 술이라도 먹기 위해 일을 시작했다면 재직 이후라도 무료 취업지원기관, 일자리센터, 아웃소싱 업체, 서치펌 등을 방문하여 구직등록을 하거나 상담사의 상담을 받는 것이 좋다. 이러한 기관들이 도움이 되건 안 되건 그건 나중 문제다. 전화나 이메일보다는 방문이 낫고, 방문보다 일대일 상담이 좋으며, 일대일 상담보다 취업교육에 참여하는 것이 더 좋다. 또한 취업지원기관의 상담사와 네트워크를 구축하여 지속적으로 채용지원 및 정보를 받도록 노력해야 한다.

둘째, 이직할 때는 평판에 문제가 없어야 한다. 두 번 다시 안 볼 생각으로 성의 없이 일을 한다거나, 책임감 없이 업무를 마무리한다면 다른 회사에 이직하더라도 평판 때문에 손해를 볼 수 있다. 그러니 어떤 일을 하더라도 성실과 책임감을 가지고 최선을 다하는 것이 필요하다. 특히 동종업체일 경우는 인사담당자와 CEO들이 보통 월1회 정기 모임을 갖는데, 관리자 채용 시 지원자에 대해 파악하는 경우들이 많아 하루를 일하거나 한 달을 일할지라도 그 회사를 위해 최선을 다한다면 설사 회사를 떠난다 해도 평판이 나쁠 리 없다.

셋째, 중견세대들의 취업은 인맥을 통해 성공할 확률이 80%에 이를 정도로 인맥 효과가 크다. 하지만 실직 상태에서 선배나 후배를 찾아가 무언가 부탁한다는 것이 남자들 세계에서는 쉽지만은 않다. 특히 50세가 넘으면 과거에 함께 일했던 부하직원이 동종업계 임원으로 있는 경우가 많고, 부탁하고자 하는 사람들 역시 퇴직한 상태다 보니 인맥 활용이 쉽지 않다. 그렇다고 취업 성공률이 높은 인맥 활용을 안 할 수는 없는 노릇이다. 주위의 도움을 얻을 때도 실직 상태에서 부탁하는 것보다는 재직 상태에서 부탁하는 것이 심리적으로 부담이 적을 수 있다.

중국에서 상품디자이너로 25년의 경력을 지닌 P씨(49세)는 중국 인건비 상승과 미국 수출시장 경쟁력 저하로 납품 아이템들이 수출 중단되면서 한국에 들어오게 되었다. 한국에 들어온 후 여기저기 이력서를 내면서 1년을 보냈으나 실직은 지속되었다. 할 수 없이 소규모 중소기업에 한 달 계약직으로 바이어용 샘플 제작을 하게 되었는데, 그가 만든 아이템 10개 중 8개가 고스란히 바이어로부터 주문을 받게 되었다. 이 일로 인해 P씨는 오너의 신뢰를 받았으며, 30일 계약직에서 정규직으로 전환되는 행운을 얻었다. 이처럼 첫 술에 배는 부르지 않았으나 꾸준히 노력한 덕분에 지금은 만족스런 직장생활을 하고 있다.

국내 전자 분야에 독보적인 기술을 가진 K전자 CEO K씨(50세)는 우연한 기회에 진로가 180도 바뀌었다. 40대 초반에 회사를 퇴직한 K씨는 취업이 되지 않자 프리랜서로 외국 바이어 통역을 하면서 힘든 시간을 보냈다. 그러던 중 국내 합작회사를 만들기 위해 한국을 방문한 미국 D기업 사장을 상대로 수차례 통역하면서 인간적인 유대감을 만들었는데, 이것이 인연이 되어 K씨는 한국법인 총괄이라는 행운을 안게 되었다. 이후 K씨는 직원 150명의 건실한 중견기업 CEO로 성공했다.

그밖에도 첫 술을 자신의 밥그릇으로 만든 사례를 꼽자면, 대리운전과 배송 일을 하면서 취업기관의 도움으로 슬로바키아 법인장으로 취업한 케이스, 서울시 시니어 인턴직으로 일하면서 3개월 만에 정규직으로 전환된 케이스, 중소기업 수출 및 해외마케팅 컨설턴트로 활동하던 중 컨설팅을 진행한 중소기업에 임원으로 취업한 케이스, 고용노동부 사회적 일자리를 통해 사회적 기업에 정식 취업한 케이스, 창업실패 후 12개월 만에 특성화 고등학교 우수강사로 취업한 케이스 등이 있다.

진정한 배부름이 필요하다

중견세대들은 대부분 40세가 넘으면 '인생의 가치는 무엇일까?' '일의 의미는 무엇일까?' '행복과 성공은 무엇인가?' 등 삶의 의미와 가치에 대해 많은 고민을 한다. 흔히 중견세대들에게 일의 의미는 '책임감(생계)'으로서, 일을 선택하는 가장 큰 동기요인도 '책임감(생계)'일 경우가 많다. 때문에 가장들이 자기 희생을 통해 가정이 행복하고 자녀들이 건강하게 성장하는 등의 보람도 있지만, 그 보람이 늘 유지되지 못하면 심리적 부담도 만만치 않다.

중견세대들의 취업시장은 쉽지만은 않다. 채용 정보는 적고, 일자리 만족도는 갈수록 낮아지고 있으며, 현장에서는 기업의 경영난과 중소기업 문화의 부적응으로 자발적, 비자발적 퇴사도 비일비재로 일어나면서 이직 횟수가 증가하고 있다. 이러한 일들이 반복되다 보면 가족을 책임지는 가장들의 경력관리도 실패할 확률이 높다. 때문에 장기적인 경력관리를 위해서는 삶을 재설계하고 목적을 재정립하는 것이 필요하다. 즉 과거의 삶을 돌아보면서 자신이 진정으로 할 수 있고, 하고 싶은 일들이 무엇인지, 무엇을 했을 때가 가장 행복했는지 등을 고민하면서 자신의 강점, 역량, 지식, 기술을 바탕으로 인생설계를 차근차근 세워가는 노력이 필요하다.

삶의 목적이 분명하다면 일의 의미와 가치가 달라질 수 있으며, 일에 대한 적응, 만족, 몰입도도 변할 수 있다. 하루를 일해도 조직과 사회에 공헌하겠다는 긍정적인 마음을 갖는다면 갈등을 겪고 스트레스를 받아도 이를 통해 인생의 근력을 키우겠다는 의지력도 생길 수 있다. 일부 취업지원기관이나 전직지원센터에서는 구직자들의 경력관리 및 인생설계를 위해 취업상담, 취업지원, 교육 등을 무료로 진행하고 있으나 경험 많은 전문상담사의 상담을 받는 것이 무엇보다 중요하다.

취업의 성공 여부는 인맥이다

한국개발연구원(KDI) 조사에 따르면 취업자 10명 중 6명은 인맥을 활용해 일자리를 구한 것으로 조사되었다. 취업에 성공한 구직자들의 인맥 활용 경로는 친구나 친지 비율이 36.9%로 인터넷이나 신문 매체보다 월등히 높았으며, 경력직 인맥 활용은 더 높아 60.1%로 나타났다. 더욱이 인맥을 이용할 경우 취업성공률은 80%까지 높았다.

인맥이란 신뢰가 바탕이 되는 인간관계로써 그저 핸드폰에 등록된 300명의 명단 중 한 사람이거나 단순히 만나고 헤어지는 정도가 아닌 서로가 신뢰를 주고받는 관계를 말한다. 인맥은 학연, 동호회, 종교, 협회, 재단 등 사회인맥과 거래처, 동종업종, 동종직종, 전문모임 등 업계인맥, 동료, 상사, 선배, 부하직원, 후배 등 사내인맥, 지연, 혈연 등의 가족인맥이 있다. 인맥은 사내외 활동을 많이 하고, 사람들을 많이 만나고, 관계에 투자할수록 어려울 때 연락하고 도움을 받을 수 있는 범위가 넓어진다. 인맥은 단순히 취업정보와 추천을 받는 의미도 있지만 실직 기간 동안 취업을 위해 심리적, 물질적, 환경적으로 도움을 줄 수 있는 사람도 인맥이라 할 수 있다.

어디까지가 '인맥'인가?

- 채용이 있을 경우 나를 추천해줄 사람인가?
- 나에게 일자리를 직접 줄 수 있는 사람인가?
- 취업을 위해 정보와 아이디어를 줄 사람인가?
- 취업활동을 함께하면서 취업 노하우와 정보를 주고받을 사람인가?
- 힘들 때 새로운 열정과 에너지를 줄 수 있는 사람인가?
- 사무실을 제공해줄 수 있는 사람인가?

취업에서 인맥이 중요한 이유는 채용정보가 비공개로 진행되기 때문이다. 특히 규모가 있는 회사는 서치펌에 채용대행 수수료를 지불하면서까지 관리자를 채용하기 때문에 수수료를 지불하지 않고 무료로 추천받을 수 있는 사내 추천이나 중장년취업지원기관을 이용하는 경우가 늘고 있다. 하지만 인맥은 추천하는 사람이나 추천받는 사람 모두가 다 중요하다. 즉 추천받는 사람은 추천할 만한 역량과 성품을 갖추고, 평판이 좋아야 하며, 추천하는 사람 역시 회사에서 인정하는 사람이거나 결정 권한이 있으면 더욱 좋다.

최근에는 인맥도 경쟁률이 높아 취업성공률이 낮아지고 있다. 즉 과거에는 인맥을 통해 한두 명 정도로 추천받아 채용을 했지만, 지금은 여러 경로로 인맥 추천을 받다 보니 추천 자체도 경쟁률이 높아지고 있다. 물론 인맥활용이 어려울 경우는 직접 나서서 회사를 파악하고 이력서를 지원할 수밖에 없다.

인맥 활용으로 취업에 성공한 사례

S씨(52세)는 M외국계 회사 국내총괄임원으로 일하던 중 2011년 국내 철수로 인해 회사를 퇴사했다. S씨는 퇴사하자마자 센터를 방문하여 취업프로그램에 참여했으며, 교육을 통해 '인맥'의 중요성을 알게 되었다. 교육을 마친 S씨는 4명의 인맥 – 망을 통해 취업에 성공했다. 그는 먼저 가까운 친척 A씨에게 달려가 자신의 이력서를 전달하면서 취업을 부탁했다. 이력서를 전달받은 A씨는 추천이 어렵게 되자 평소 알고 지내던 친구 B씨에게 다시 추천을 부탁했다. 그러나 B씨 역시 S씨의 나이가 많아 추천이 쉽지 않자 인맥이 나름 괜찮은 선배이자 중견회사 부사장인 C씨에게 이력서를 전달했다.

얼마 후 C씨는 친구인 모 중견기업 회장 D씨를 만나 저녁식사를 하게 되었는데, D씨로부터 연구소장 채용이 있는데 좋은 사람이 있으면 추천해달라는 요청을 받게 되었다. 내용을 보니 나이는 조금 많은 편이나 S씨에게 적합한 일이다 싶어 추천한 것이 채용에 성공하게 됐다. S씨는 이 회사에 입사하기 전까지 지방소재 중소기업 기숙사에서 외국인들과 거주하면서 창고관리 및 화물차 운전을 했다. 그동안 지신의 이력서가 이렇게 여러 사람을 통해 전달된 줄은 몰랐다고 말했다. 그는 "취업을 부탁하고 새로운 회사에 입사하는 데 1년이 걸리기는 했으나 급여, 직책, 근무조건 모두 모두 만족합니다"라며 성공 소감을 전했다. S씨는 현재 J중견기업 연구소장으로 일하고 있다.

온라인 인맥 활용사이트

- 인맥관리 네트워크: 링크나우 www.linknow.co.kr, 링크인 www.linkedin.com
- 스마트폰 활용: SNS(socisl network service) 트위터(twitter), 페이스북(facebook), 미투데이, 카페, 블로그, 이메일, 카카오톡 등

혼자서 취업활동 하지 마라

취업활동은 혼자서 하면 구직 기간이 길어질 수밖에 없다. 중견세대들의 취업은 정보가 가장 큰 비중을 차지하는데 그 정보는 사람의 입을 통해 전달되는 경우가 많기 때문이다. 취업지원센터, 동료, 주위 인맥 등 네트워크가 넓으면 넓을수록 이를 통해 수집되는 채용 정보는 매우 다양하다.

하나보다 둘이 낫다

취업활동은 일종의 비즈니스와 같다. 취업이라는 목적과 계획을 갖고 움직인다면 100% 만족스런 결과는 아니더라도 소기의 성과는 올릴 수 있다. 무조건 찾고, 움직이고, 두드려라! 공공 및 민간 취업지원센터, 인력파견업체, 서치펌 등 정보를 받을 수 있고 나를 도와줄 사람과 기관이 있다면 망설이지 말고 방문하고, 상담하고, 부탁하고, 사후관리를 하라!

사람을 만나고 기관을 방문하다 보면 취업정보는 물론 중장년 고용에 대한 현실을 파악할 수 있다. 특히 정부나 공공기관 사업은 50대를 대상으로 진행하는 사업들이 많다. 이러한 사업들은 일간신문 등에 광고하는 경우가 많은데 만일 당일 채용공고를 보지 못한다면 그 정보는 놓치게 된다. 중장년취업지원센터를 방문하면 놓친 정보도 수집할 수 있다.

다음으로 중장년 채용박람회 역시 많은 정보를 얻을 수 있다. 하지만 박람회 대부분은 청년, 여성, 취약계층을 대상으로 진행되는 것이 많아 잘 가려서 찾아야 한다. 중장년층과 상관없는 박람회에 참가하다 보면 박람회에 대한 부정적인 시각만 높아질 수 있다. 무역협회, 전경련, 중소기업중앙회, 경총, 노사발전재단, 코트라 등에서 중장년을 대상으로 채용박람회를 개최하고 있다. 중장년 취업지원센터를 방문하면 박람회에 대한 정보를 수시로 수집할 수 있다.

중장년일자리 희망센터(구 중견전문인력 고용지원센터)는 40세 이상 중장년을 대상으로 취업을 지원하는 센터다. 2010년부터 5개 경제단체가 모두 센터를 운영하고 있는데, 경제단체들의 장점은 기업회원사들을 보유하고 있다는 점이다. 이러한 회원사를 통해 중장년 채용 정보가 등록되다 보니 정보뿐만 아니라 채용에 있어서도 실질적인 도움을 받을 수 있다.

유익한 정보는 누구를 통해, 그리고 어디로부터 전달될지 그 누구도 모른다. 때문에 혼자보다 둘이 낫고, 둘보다 셋이 나으며 셋보다 그 이상이 더 낫다.

취업 전문가와 친해져라

중장년 취업지원센터, 고용센터, 일자리지원센터, 민간취업기관, 서치펌, 인력파견회사 등은 취업지원을 담당하는 상담사, 컨설턴트, 헤드헌터들이 일하는 곳이다. 센터와 기관들의 특성이 조금씩 다르기는 하나 일반적으로 잡 서치, 구인구직 매칭, 교육프로그램 진행, 구인 발굴 등 취업 현장과 밀접하게 연결된 업무를 하다 보니 이들을 통해 실질적인 일자리 매칭이 진행되고, 기업체에 이력서들이 추천되고 있다.

재취업을 결심했다면 취업지원센터와 서치펌 등 컨설턴트, 상담사, 헤드헌터 두세 명과 친분을 쌓으면서 한 달에 최소 2번 이상 주기적으로 방문해 일대일 상담, 직업심리검사와 이력서, 면접 클리닉을 받는 것이 필요하다. 컨설턴트(상담사) 대부분은 열심히 방문하고, 전화하고, 지원하는 구직자를 좋아하고, 기억하고, 도와주고 싶어 한다. 또한 취업지원센터가 제공하는 정보는 외부에 공개되지 않는 비공개 정보들이 많다 보니 상담사들의 매칭과 추천에 따라 취업성공률도 높아질 수 있다.

하지만 일부 중견세대들은 한 번 센터를 방문한 이후 재방문에는 소극적이다. 이러한 이유는 상담사들이 아들딸뻘이라 나이가 적다 보니 서로의 공감대가 부족하고, 상담을 받는 자체에 자존심이 상한다고 생각하며, 한 번 이상 방문한다는 것이 민폐를 끼치지 않을까 걱정해서다. 하지만 취업지원만큼은 센터의 상담사와 컨설턴트들이 현장 전문가이며, 유익한 정보를 제공하는 정보제공자들이기 때문에 적극적인 센터 방문은 취업 성공에 있어 중요한 부분이라 할 수 있다.

27년간 군 생활 후 전역한 P씨(47)는 전역 후 혼자 취업활동을 하면서 주차관리, 건물관리 등 여러 업체를 지원했으나 모두 실패했다. 그러던 중 동료로부터 제대군인지원센터를 소개받고, 센터를 통해 일대일 상담 및 교육을 받으면서 다시 취업활동을 시작했다. 3개월이 지난 시점에 담당 상담사로부터 일자리를 제공받았는데 프랜차이즈 인사관리였다. 센터의 추천을 통해 이력서 제출 및 면접까지 보게 됐고, 운 좋게도 채용이 되어 현재는 B프랜차이즈 인사관리자로 열심히 일하고 있다.

L씨(58)의 경우 1998년 IMF 당시 은행 인수합병으로 퇴출된 후 중소기업에서 2011년에 정년을 맞이했다. 2개월 정도는 등산, 독서, 영화감상을 하며 편히 지냈으나 생활비, 교육비, 결혼자금 등 심적 부담은 상상 이상이 되어가고 있었다. 150군데 이력서를 제출, 몇 차례 면접도 봤지만 번번이 실패했다. 자포자기의 심정으로 중장년 취업지원센터를 방문하여 컨설턴트와 상담을 시작했다.

그러던 중 센터의 소개로 중장년 채용박람회에 참여하게 되었는데, 현장에서 3개 업체 면접, 그중 2개 업체는 2차 면접까지 진행하여 최종적으로 T회사 해외사업이사로 채용되었다.

L씨는 "화장품 주문자 생산방식인 제조업체로 국내 온라인 판매, 해외수출 비즈니스, 생산까지 1인 다역을 맡아 몸은 피곤하지만, 마음만큼은 피곤하지 않다"고 말했다.

이와 같은 사례를 통해 다시 한 번 강조하고 싶은 것들이 있다. 담당 컨설턴트와 한 번 이상은 일대일 컨설팅을 받아라! 담당 컨설턴트로부터 이력서 및 면접클리닉을 받아라! 담당 컨설턴트를 나의 조력자로 만들어라! 담당 컨설턴트에게 주기적으로 전화해라! 재직 상태에서 이직을 고려할 경우도 담당 컨설턴트의 도움을 받아라!

4:
chapter

백발백중
성공하는
취업전략

중견세대들의 취업 유형

1970년대에 〈장수만세〉라는 텔레비전 프로그램이 있었다. 그 당시에 남자들의 평균 수명은 58~59세였으며, 출연자들의 평균 나이는 60대였다. 하지만 지금 60대에게 장수한다고 말한다면 지나가던 개도 웃을 것이다.

지난해 5월 세계보건기구(WHO)가 발표한 자료에 의하면 한국인의 평균 수명은 80세로, 향후 2050년 이후에는 평균 수명이 90세 이상을 넘어선다고 한다. 지금 중견세대라면 최대 90세 이상은 바라볼 수 있다는 소리다. 이를 증명이나 하듯 센터를 방문하는 대부분의 60대 구직자들을 보면 목소리나 외모에서 풍기는 모습과 열정이 50대와 다름이 없다.

하지만 변화가 심하고, 예측하기 힘든 세상 속에서 조기 퇴직과 은퇴를 앞둔 가장들에게 '장수'라는 단어는 그다지 축복처럼 들리지 않는다. 가장들이 오래 산다는 것은 누군가를 위해 계속해서 일을 해야 된다는 압박과 같기 때문이다.

얼마 전 중견기업을 퇴직한 후 센터를 방문한 C씨(58세)는 결혼을 앞둔 딸 때문에 걱정이 이만저만이 아니었다. 퇴직금은 IMF 당시에 주택자금으로 다 사용해서 유동자금으로 사용할 돈이 없다는 것이다. 결혼자금을 마련하기 위해 막일이라도 해야겠다고 말하는 그에게서 안타까움을 느꼈다. 물론 모든 구직자가 C씨와 같은 이유로 일을 하는 건 아니지만, 대부분의 50대 중견세대들은 이처럼 일을 할 수 밖에 없는 세상을 살고 있다.

중견세대들의 취업 유형은 나이, 재무 상태, 직무, 역량 등에 따라 조금씩 차이가 있기는 하지만 나이를 기준으로 크게 3가지 형태로 구분할 수 있다.

먼저 40세~55세는 자녀에게 쏟아 붓는 교육비와 생활비로 인해 안정적인 직장과 월급이 중요한 '90% 직장+10% 직업형'에 속한다. 56~60세는 자녀들은 어느 정도 성장한 상태고, 안정적인 직장에서 일할 수 있는 기회가 적은 편이라서 최소한의 사회 참여 및 노후준비를 할 생각으로 급여가 적어도 프리랜서, 아르바이트, 인턴직 등을 선택하는 '60% 직장+40% 직업형'에 속한다. 그리고 60세 이상은 일자리 기회가 더 적다 보니 사회 참여 자체에 만족하는 '100% 직업형'이라 할 수 있다.

90% 직장+10% 직업형

연령대는 45~55세. 이들은 안정적인 직장과 연봉이 중요하다. 평균 4인 가족 기준으로 최소 연봉 3,000~3,500만 원 이상이 필요하다 (저축은 힘들며, 맞벌이 필요). 지속적으로 일을 해야 하기 때문에 출퇴근 거리를 고려해야 하며, 사택이 있는 경우라면 지방 근무도 가능하다.

해외지역 전문가일 경우 해외근무도 가능하다. 취업이 쉽지 않은 직종이나 업종에 종사한 중견세대들은 급여가 적어도 프리랜서, 인턴, 계약직을 활용하면서 징검다리 이직을 통해 안정적인 일자리를 찾아간다. 취업의 형태는 투잡, 쓰리잡도 가능하다.

60% 직장+40% 직업형

연령대는 56세~60세. 자녀가 어느 정도 성장하여 교육비 부담에 다소 유연하다. 노후 대비 매달 지출되는 생활비, 세금, 경조사비 등에 부담을 느낀다. 취업이 힘들 경우 연봉보다 근무 형태 및 근로조건을 따진다. 하루 8시간 일자리보다 돈과 일이 적당히 절충된 직업도 좋다. 무조건 봉사보다는 적은 돈이라도 금전적 보상을 원한다. 해외근무와 지방근무는 일의 의미와 가치가 있을 때 가능하다.

연령대는 60세 이상. 연봉을 떠나 사회참여 및 현역기회로 만족한다. 봉사, 컨설팅, 통역 등 시간제 일자리, 사회공헌 일자리, 시니어 인턴 등도 가능하다. 자신의 전문성을 요구하는 곳이라면 급여를 떠나 건강하게 일할 수 있다.

보통 50세~70세까지 하루 평균 활동 시간을 4시간만 잡아도 20년을 통틀어 보면 3만 시간 가까이 된다. 살아야 할 시간도 많지만, 활동해야 할 시간도 늘어났다. 그러니 지금의 중견세대들은 남은 시간을 통해 취업과 일이라는 성공적인 모델로 멋지게 테이프를 끊어야 할 세대들인 셈이다.

이직을 할 것인가? 전직을 할 것인가?

오랫동안 다니던 직장을 그만두게 되면 내 경력, 내 스펙으로 무엇을 해야 할지 막막하기만 하다. 이러한 분들에게 나는 "뭐든지 해도 좋고, 뭐든 할 수 있어야 한다"고 말한다. 될까, 안 될까를 망설이기보다 새로운 도약을 위해 무엇이든 시작하라는 뜻이다. 일반적으로 취업을 하기 위해 선택하는 방법으로는 크게 이직과 전직이 있다.

쉽게 말하면 이직은 자신이 그동안 해왔던 동일한 업무의 일을 하는 것이고, 전직은 전혀 다른 생소한 일을 하는 것을 말한다. 하지만 고용이 다변화되고 실업률이 증가하면서 고령화가 가속화되는 현실에서는 동일직무·동일업종, 동일직무·다른 업종, 다른 직무·동일업종, 다른 직무·다른 업종, 동일직무·다른 직무 등도 선택적으로 진행되고 있다.

이직

이직은 재무, 영업, 경영 등 지금까지 꾸준히 해왔던 일을 동일하게 하는 경우로 입사 시 경력, 급여, 직책 등을 인정받을 수 있다. 취업이 되더라도 지금까지 경험한 일이라 업무 스트레스가 적고, 리더십을 발휘하면서 일의 생산성도 높일 수 있다. 하지만 중소기업은 기존에 해왔던 직무 이외에 전혀 다른 업무도 맡기기 때문에 중소기업 안에서는 이직 자체가 전직이 될 수도 있다.

국내 최대 완구업체 디자이너로만 15년을 근무한 B씨(50세)는 퇴직 후 중소 완구회사에 이직했는데, 회사가 디자인 업무뿐만 아니라 국내 영업, 원가관리까지 맡기다 보니 업무 스트레스가 과다해 직장을 그만두었다. 하지만 그 다음에 취업한 회사 역시 디자인 업무 외에 다른 업무들을 맡기는 것이었다. 그는 불편한 상황을 피하기보다 맞서 해결하겠다고 마음먹었다. 그리고 입사 일주일 전에 원가관리에 관련된 강의를 수강한 후 입사했다.

내 분야가 아닌 일을 스트레스로 여기기보다 극복해야 할 과제로 생각했다는 B씨는 "이전 직장에서는 업무가 분리되어 디자인 업무만 담당했는데, 지금은 원가관리도 내 일이라 생각하고 열심히 하다 보니 숫자업무도 재미있게 느껴집니다"라며 소감을 전했다. 이렇듯 중소기업은 여러 업무를 소화해야 하다 보니 관리직으로 입사해도 바쁠 때는 관리자가 운전과 배송까지 담당해야 할 경우도 생긴다.

전직

전직은 과거에 자신이 해온 업무와 다른 일을 하는 것으로 이러한 경우는 경력을 일부만 인정받아 직책이나 급여에 불이익을 받을 수 있다. 하지만 과거에 해왔던 일이 장래성이 없거나 취업이 어려운 경우, 그리고 전직을 희망하는 업종이 유망 직종, 유망 산업이라면 변화를 시도하는 것도 나쁘지 않다. 즉 오랫동안 기계를 만진 사람이 자신의 경력개발을 위해 영업 분야를 선택하거나, 일반관리직으로 일했던 사람이 기술, 기능자격증 취득 후에 관련 업무로 전직하는 것이 좋은 예이다.

앞서 언급했던 K씨(61세) 사례처럼 나이로 인해 취업이 어려웠으나 무역회사 섬유분야에 경험을 살려 Y직업전문학교 염색, 가공 훈련강사로 전직한 것이 성공 사례이며, 반도체 제조분야에서 생산과 기술영업을 담당한 S씨(53세)가 동종업종 취업이 어려워지자 창업컨설팅회사로 전직을 선택한 것이 좋은 사례이다. 하지만 전직에 실패하면 일의 생산성 저하 및 일이 적성에 맞지 않아 그만둘 가능성도 있기 때문에 사전에 전문가 상담을 통해 심리검사, 자기 분석, 경력분석 등을 받는 것도 필요하다.

1인 기업과 뉴잡

이직과 전직 외에 '+α'도 있다. 중견세대들의 경력 목표는 크게 취업과 창업이나 대부분 중견세대들은 무모한 창업보다는 안정적인 취업을 희망한다.

2012년 KB금융지주 경영연구소의 '개인사업자 창업, 폐업특성 및 현황분석' 보고서에 따르면 자영업 창업자의 47%는 3년 이내에 퇴출되며, 10년 이상 같은 업체를 운영한 비율은 25%밖에 안 되는 것으로 나타났다.

즉 2명 중 1명은 3년 안에 가게를 접는다는 소리다. 특히 50대에 창업한 경우는 소득이 창업 전보다 25% 쪼그라드는 것으로 나타났다. 중견세대는 취업도 어려우나 창업으로 성공할 수 있는 성공률은 더 낮을 수 있다.

하지만 얼마 전부터 취업과 창업을 동시에 겸하는 1인 창업, 1인 비즈니스, 1인 뉴잡이 서서히 증가하고 있다. 미래에셋의 '100세 시대 트렌드 인식조사'에 의하면 중견세대들은 "돈이면 된다"에서 "일이 있어야 한다"로 트렌드가 점차 바뀌고 있다고 한다. 즉 돈을 버는 일보다 적은 돈이라도 안정적으로 돈을 받는 일을 더 선호한다는 것이다.

이렇게 돈을 버는 것보다 돈을 받는 것을 더 선호하다 보니, 금전적으로 손실위험이 있는 창업보다는 위험부담이 적은 사회적 기업, 1인 무역업, 중소기업 컨설팅, 협동조합, 통·번역, 강사 등 1인 기업self-employment으로 자신을 창업화하는 사례가 늘고 있다. 미국의 경우에는 1인 기업 수가 1,000만 개가 넘는다고 하는데, 앞으로 우리나라 역시 1인 창업, 1인 비즈니스에 도전하는 1인 기업가가 점진적으로 증가할 것으로 예상된다.

중소기업 임원으로 퇴직한 K씨(58세)는 50대 후반에 취업이 어려워지자 센터의 소개로 특성화고 현장전문직강사로 일하면서 동시에 중소기업 경영자문 컨설턴트로 '취업+1인 비즈니스'로 활동하고 있다. 두 가지 일을 바쁘게 하고는 있으나 과거에 받던 연봉에 비하면 적은 액수다. 그러나 그는 적은 돈이라도 꾸준히 들어오는 급여와 일이 있기에 만족한다고 말했다.

P씨(52세)는 퇴직 후 취업이 힘들어지자 배운 것이 무역일이라고 집에 사무실을 차려놓고 중동과 아시아 등을 상대로 1인 무역을 시작했다. 하지만 1년 동안 성과가 없자, 할 수 없이 인맥을 통해 J여성센터에서 무역실무 강사로 활동했다. 그러던 중 2012년 4월에 중동과 첫 거래가 이루어졌는데 처음으로 1억여 원의 화장품 수출 오더를 받게 되었다. 현재 P씨는 중동과의 거래를 꾸준히 하면서 무역실무 강사로도 활동하고 있다.

30년 동안 무역 및 해외영업을 해온 P씨(58세)는 해외전문가다. 하지만 퇴직을 하고 보니 나이로 인해 취업이 쉽지 않았다. 그러던 차에 실직 기간이 1년 6개월을 지나는 시점에서 센터의 소개로 'FTA 양성과정'을 듣게 되었다. 교육장은 서울이고, 집은 제주도였으나 한 번도 빠지지 않고 12주 과정을 성실히 마쳤다.

이러한 P씨의 성실성을 좋게 본 교육원은 P씨가 살고 있는 지역에 FTA 교육원을 신설하고 모든 운영을 P씨에게 맡겼다. 현재 P씨는 교육원을 운영하면서 FTA 전문강사로 활동하고 있다.

경영학의 대부인 피터 드러커는 "어떤 길을 가는 것은 전략이고, 어

떻게 가는가 하는 것은 전술이다"라고 했다. 중견세대들의 취업이 어
렵다고는 하지만 방법적인 면에서는 여러 가지 전술이 있으며, 그 전
술을 새롭게 창조하는 것은 앞으로 더 중요하다.

직종별 취업전략

세상은 빠르게 변화하고 있다. 또한 변화의 속도만큼이나 요구사항도 증가하고 있다. 일에 대한 불확실과 불안 증가, 평생직장에서 평생 직업으로의 변화, 직무의 전문성 및 글로벌 역량까지 요구하는 세상에서 미래의 준비가 소홀하면 낙오자가 되기 십상이다.

21세기의 전문성은 특정부서나 조직에 국한되지 않고 어떤 조직에서도 써먹을 수 있는 개인역량을 말한다. 즉 조직의 전문성보다 개인의 전문성을 더 높이 평가한다. 그야말로 고용시장에서 오랫동안 살아남기 위해서는 자기 주도적인 삶을 통해 끊임없이 노력하지 않으면 안 된다.

중견세대들은 나이가 들면 들수록, 그리고 대기업에서 중소기업으로 이동할수록 한 가지 일만 잘하는 경력자가 아니라 그 직책에서 요구하는 여러 가지 일을 다방면으로 소화할 수 있어야 한다. 즉 멀티스페셜리스트가 되어야 한다. 이와 같은 이유 때문인지 S대기업은 퇴직 3개월 전에 기술전문직 퇴직자들을 위해 경영수업까지 시키고 있는데, 그 이유는 대기업 기술관리자라도 중소기업에 입사하면 경영관리를 해야 될 수 있기 때문이다.

회계·재무(CFO) 분야

회계 분야 채용에 있어 회사에서 희망하는 나이는 주로 40~45세가 많다. 때문에 나이가 40대 중반을 넘으면 채용 정보는 줄어들고, 채용이 있다손 치더라도 연봉이 적으며, 지방소재나 소규모업체일 경우가 많다. 중소기업에서 선호하는 사람은 동종업체 회계 경력자나 일정 규모의 매출이 있는 제조업체 결산경험 경력자를 선호한다. 중소기업은 회계전문가라도 회계업무만 맡기는 것이 아니라 총무, 인사 업무까지 맡기다 보니 업무량에 비해 연봉에 대한 만족도는 떨어질 수 있다.

회계 분야는 오너가 신뢰할 수 있는 사람을 채용하기 때문에 친인척을 고용하는 경우가 많으며, 주위 인맥을 통해 지원서를 받는 경우도 많아 인맥을 통해 이력서를 제출하는 것도 나쁘지 않다. 이 분야는 연령이 높을수록 취업이 어렵다 보니 퇴직 전에 공인회계사, 세무사, 관세사, 빌딩경영 관리사, 주택관리사, 공인중개사 등의 자격증을 취득하는 것도 경력관리에 도움이 된다.

재무 분야는 외국계 회사나 중견기업에서 주로 채용하며, 중소기업은 외형이 클 경우 재무관리자를 채용한다. 일반적으로 중소기업은 재무와 회계가 분리되어 있지 않아 재무관리자라도 재무보다는 회계업무가 더 많으며, 추가해서 인사와 총무업무까지 담당하게 된다. 재무관리자는 나이가 50세를 넘어도 취업은 가능하나 구인을 희망하는 업체가 적을 경우 경쟁이 심하고 구직 기간이 길어질 수 있다. 이 분야는 주로 외국계나 대기업 경력자를 선호하며, 연봉은 중소기업이라도 낮게 지급하지는 않는다.

재무 분야는 오너의 신뢰가 중요하다 보니 지원자의 성향과 성품을 따지고, 채용과정이 길고 까다로워서 추천이나 인맥을 통해 지원하는 것이 성공률을 높이는 방법이다. 일부 기업은 학교와 학위, MBA 경력자를 선호하나, 대부분은 현장 경력과 역량을 따진다. 면접이 3회 이상 진행되다 보니 사전에 면접스킬을 익히는 것이 필요하며, 입사하더라도 오너가 신뢰하기까지는 긴장을 늦추지 않는 것이 좋다. 중소기업 오너들은 처음부터 자금을 투명하게 공개하지 않기 때문에 직무 성과와 만족도는 떨어질 수 있으나, 오너의 신뢰를 받는다면 정년까지 일할 수 있다는 장점도 있다.

외국계 회사에서 근무한 사람은 국내 중소기업에 적응하는 것이 쉽지 않아 지방에 소재하더라도 외국계 회사에서 근무할 것을 권하며, 중소기업은 재무뿐만 아니라 경영업무까지 맡기다 보니 적절한 스트레스 관리가 필요하다. 경력관리를 위해 학위는 석사 이상, 외국어는 영어를 기본으로 꾸준히 공부하면서 공인회계사, 경영지도사 등의 자격증 취득을 하는 것도 경력관리에 도움이 된다.

이 분야는 중소기업에서는 경영(기획)총괄임원으로 불린다. 대부분의 소규모 중소기업은 오너가 이 역할까지 담당하고 있으나, 매출이 50~100억 이상 되면 경영총괄임원을 채용하게 된다. 중소기업의 경영총괄임원은 실무와 현장을 동시에 소화할 수 있는 멀티 경력자를 요구한다. 즉 영업관리부터 생산관리, 구매, 재무, 문제해결 능력까지 다양한 경험과 기초지식을 요구하다 보니 한 가지 업무만 잘하는 것이 아닌 여러 가지 업무를 폭 넓게 소화할 수 있는 경험과 역량이 있어야 한다.

이 분야는 다른 직종과 달리 취업보다 취업 후 적응이 더 중요하다. 그 이유는 조직개선, 시스템 개선, 매출과 생산 개선 등에 대한 오너의 요구와 기대가 크다 보니 입사 후 일정기간 동안은 성과에 대한 스트레스를 겪게 되고, 일부 중견세대들은 입사 후 일을 급하게 추진하는 과정에서 오히려 오너와 갈등을 겪으면서 회사를 퇴사하는 경우가 발생하기 때문이다.

채용 시 학력, 학위, 대기업 경력, 네트워크 능력, 리더십, 성품이나 성향을 많이 따지며, 해외진출 및 사업 확장을 진행하는 업체는 자금관리 능력, 신규 사업 구축, 프로젝트 수주경력, 해외시장 개척을 위한 글로벌 경험과 외국어 능력 등을 동시에 요구한다. 이 분야 역시 나이가 50세 이상이라도 지원이 가능하며, 그밖에 대기업체 경력자, 제조업체 경력자, 석사 이상의 학위, 외국어 능력 등이 있다면 경쟁력은 높아진다. 경력관리를 위해 석사 이상의 학위 취득, 경영지도사 자격증, 경영컨설팅 교육, 강사스킬 교육 등 퇴직 이후의 지식서비스 전문가로의 준비를 갖추는 것도 필요하다.

인사·총무 분야

소규모 중소기업은 대부분 오너가 인사·총무 업무를 담당하며, 규모가 있는 중소기업은 재무관리자나 경영총괄임원이 이 업무를 겸해서 담당한다. 하지만 중소기업이라도 매출이 300억 이상 되면 인사·총무관리자를 채용한다.

인사·총무분야 경력자들은 인간 중심적이고 관계 중심적이다 보니 융통성이 많으며, 책임감이 높고 사회적응을 잘해 중소기업을 가더라도 쉽게 적응을 잘한다. 이 분야는 40대 중반을 넘으면 채용이 감소하는 등 경력 단절이 빨리 오며, 채용이 있더라도 양질의 일자리보다는 영업과 관련된 일자리가 많다 보니 지원 전에 업체를 파악하는 것이 필요하다.

하지만 다른 분야보다 진출할 수 있는 폭이 오히려 넓어, 재직 시 경력관리를 어떻게 했느냐에 따라 퇴직 이후에 직업이 달라질 수 있다. 이 분야는 경력관리를 위해 주택관리사, 공공사업 시설관리, 열관리, 소방안전관리 등의 자격증 취득, 취미와 특기를 이용한 1인 창업, 투잡, 쓰리잡 등을 폭넓게 활용해야 한다. 그밖에 정부기관, 공공기관,

민간기관 등에서 진행하는 특성화고 우수강사, 산학협력 교수, 중소기업 컨설팅, 기업체 강사, 커리어전문가, 헤드헌터, 취업 지원관, 아웃소싱관리자, 아파트 소장 등의 일을 선택할 수 있다.

생산·품질·기술연구·공장장 분야

생산 및 품질관리는 다른 직종에 비해 취업문이 넓은 편이며, 건강만 허락된다면 나이와 무관하게 오랫동안 일할 수 있다. 중소기업은 구매, 제조, 품질, 납품, 재고, A/S 등 시스템 개선을 위한 오너의 요구가 많다 보니 공장관리 및 본사관리 경험을 보유한 대기업 퇴직자나 동종업체 또는 유사한 아이템을 취급한 경력자를 선호한다.

자동차, 전기전자, 기계, 화학, 금속 등과 같은 잘나가는 업종이나 금형, 주물과 같은 뿌리산업 등은 다른 업종에 비해 상대적으로 취업이 쉬우며, 기술사, 기사, 기능장 등 특정분야 또는 특정 자격증, 인증 소지자일 경우는 나이가 60세가 넘어도 경쟁력이 있다. 제조업체가 대부분 지방에 있고, 급여가 낮아 일하기 쉽지 않으나 그럼에도 불구하고 지방에서 생활하면서 주말부부로 살아가는 중견세대들이 증가하고 있다.

이 분야는 오너 및 관련부서 담당자들이 정보·기술 교류와 친목 도모를 위해 주기적으로 만나는 경우가 많은데, 특히 직원 채용 시 평판 조회를 하는 경우가 있어 재직 시 개인의 평판관리에 신경 쓰는 것이 필요하다. 또한 1차 협력사에서 근무한 사람은 2, 3차 협력사에서 일하기가 쉽지 않을 수도 있어 아이템이 유사한 다른 업종에 이력서를 제출하는 것도 한 가지 방법이다.

기술연구·연구개발·기술개발 분야는 어떤 업종, 어떤 아이템을 취급했느냐에 따라 같은 채용이라도 편차가 크다. 채용이 주로 벤처기업이나 중소 제조업체가 많다 보니 중장년보다는 관리가 쉬운 30~40대 경력자를 선호한다. 하지만 연구소가 주로 지방에 있고, 기숙사 생활을 하는 경우가 많아 30~40대 지원이 저조하고, 특정 분야에 특정 기술력을 보유한 경력자는 더욱 더 채용이 어려워 오히려 구인난을 겪고 있다. 때문에 기업이 원하는 전문경력자를 찾기 힘든 경우는 연령과 상관없이 유사한 기술력과 경험을 보유한 중견세대를 채용하는데, 경우에 따라서는 연구 이외에 관리 및 대외업무까지 맡기다 보니 업무범위가 넓을 수 있다.

전경련 설문조사에 의하면 생산, 품질, 제조, 연구직에 대한 중소기업 채용 비율은 46.9%로 다른 직종보다 월등히 높은 편이며, 최근 50세 이상 중장년 인턴 사업 역시 채용 분야가 제조 및 생산직이 많은 것으로 보아 다른 직종에 비해 취업문이 넓다 할 수 있다.

공장장은 어학능력이 있으면서 엔지니어 출신이면 경쟁력이 더 높을 수 있다. 공장장은 제조, 생산, 품질을 총괄하는 관리자로 최소 10년 이상의 경력과 관련 자격증 취득, 채용하는 회사의 아이템을 취급했다면 취업에 유리하다. 하지만 소규모 중소기업일 경우는 공장장이라도 제조·생산관리를 맡기는 경우가 많다. 이 분야는 다른 분야와 달리 연령이 높아도 지속적으로 일할 수 있다는 장점 때문에 피부로 느끼는 채용이 적을 수 있으나 국내 및 해외 공장 신축, 이전, 제조라인 증설, 호황업종일 경우 공장장이 필요하기 때문에 사전에 정보 수집을 꾸준히 하는 것도 필요하다.

채용 시 성향과 성품, 해외 주재 여부, 조직관리 능력, 외국어 실력, 취급 아이템 등을 따지며, 특히 해외 공장장일 경우 직원 90% 이상이 현지인이다 보니 외국어에 능숙하고, 현지문화에 밝아야 하며, 품질에 문제가 없도록 현지인들을 교육, 통제, 관리하는 경험과 리더십이 있어야 한다. 일반적으로 해외진출이 많은 지역으로는 중국, 베트남, 인도네시아 등 동남아, 동유럽이며, 중남미 역시 해외진출이 늘고 있다.

무역·해외영업·법인장

무역 분야는 최근에 전자무역 방식을 이용하는 업체가 증가하다 보니 대우와 급여에 부담이 적은 20~30대의 경력자를 채용한다. 때문에 40세 이상의 경력자를 채용할 경우는 해외지역 전문가이면서 무역 실무 경험을 보유한 멀티 경력자를 선호한다.

중소기업은 수입보다 수출 경력을 더 선호하며, 바이어 발굴에서부터 해외 거래처 확보, 해외수주 활동, 박람회 진행 경험 등 이 분야에 최소 5년 이상의 실무 경력을 요구한다. 외국어는 영어가 기본이며, 외국과의 의사소통은 완벽할 정도로 능숙해야 한다. 중소기업 오너들이 경력자를 채용할 때 염려하는 부분이 있다면 퇴사 후 회사의 아이템과 거래처 등을 자기 비즈니스로 활용하는 것인데, 실제 현장에서는 이러한 일들이 종종 일어나고 있어 면접 시 신뢰 및 책임감을 어필하는 것도 필요하다.

무역 경력이 10년 이상인 경력자들은 그동안의 경력과 경험을 살려 무역회사를 창업하는 경우가 많은데, 외국과의 거래가 성사되는 데 걸리는 기간이 최소 1년이다 보니 처음부터 100% 올인하기보다는 강의나 컨설팅, 시간제 일자리 등 투잡을 겸해서 진행하는 것도 필요하다. 그밖에 국제무역사, 관세사, FTA를 대비한 원산지 관리 및 물류관리사 자격증을 취득하는 것도 바람직하다.

해외영업 분야는 중견(소)기업들의 해외진출 증가와 정부지원 등으로 인해 생산·품질·연구직종 다음으로 중견세대 채용이 증가하고 있다. 이 분야는 보통 8~10년 이상의 경력자를 선호하며 다년간의 해외경험, 해외주재, 해외실적, 해외지역 네트워크, 아이템 취급경력, 외국어실력 등의 경력을 갖추었다면 50세가 넘어도 취업이 가능하다. 이 분야에서 좀 더 오랫동안 일하기 위해서는 외국어는 원어민 수준으로 능숙해야 하며, 50세 이전에 해외법인경영자(법인장)로 경험을 쌓아가는 것도 장기적인 경력관리에 도움이 된다. 한국무역협회에서 실시한 '수출중소기업 CEO 100명의 설문조사(2012년 10월 설문결과)'에 의하면 중견인력채용 계획이 32.4%로 나타났으며, 그 중 해외분야 채용은 36.11%로 다른 직종에 비해 가장 높았다.

해외법인경영자(법인장)는 해외법인을 운영한 경력이 5년 이상이면 해외 취업에 좀 더 유리할 수 있다. 법인장은 외국어 실력은 물론 문화 및 상관습 이해, 조직관리, 네트워크 등 경영자로서의 자질과 능력이 있어야 한다. 법인장은 주로 해외에서 장기간 근무하기 때문에 외로움을 이기는 자기조절 능력, 현지 상황에 대응할 수 있는 상황 판단력, 투철한 책임의식과 조직충성심, 본사와의 원활한 의사소통 등 정신적, 신체적으로 건강하지 않으면 안 된다. 대기업이나 관련 협력업체가 해외로 진출할 경우 그 회사 소속 퇴직인력이나 그 업종에 관련된 경력자를 재고용하는 경우가 많다.

해외주재나 해외근무경험이 많은 경력자들은 중소기업청, 코트라, 코이카, 한국무역협회 등에서 모집하는 중소기업 자문, 중소기업 컨설턴트, 개도국파견 컨설턴트, 금융분야 중소기업 컨설팅, 해외봉사 등으로 활동할 수 있으며, 모집 연령도 대부분 50세 이상이 많아 지원 폭이 넓은 편이다.

국내영업

국내영업은 다른 직종에 비해 취업사이트에 올라오는 비율이 월등히 높은 편이나 소규모 업체, 낮은 급여 및 거래선 개척의 어려움 등으로 고용의 질이 낮은 것이 단점이다. 이 분야는 경기가 하강곡선을 그릴수록 채용이 늘어나며, 상품개발 이후 내수확대를 위해 경력자를 채용한다. 이 분야는 경력이 아무리 많아도 중소기업에 들어가 전문성을 발휘하기가 쉽지 않기 때문에 재직 시 자신의 업을 위해 사전에 경력 관리를 철저히 해둘 필요가 있다.

중견인력을 채용하는 이유는 풍부한 경력과 전문성, 네트워크를 이용한 거래선 확보와 매출 때문에 채용하지만, 취업에 성공해도 성과에 대한 압박과 스트레스로 이직이 높은 편이다. 최근 중견세대들의 경력과 경험을 이용하기 위해 영업 관리임원을 채용하려는 중소기업이 증가하고 있으나 오로지 영업맨이기보다는 경영, 재무, 기획, 해외영업, 디자인, 금융, 기술도 동시에 할 수 있는 멀티스페셜리스트를 요구하고 있어 경력관리를 위해 기초지식을 쌓는 것도 필요하다.

중견전문인력 직종별 채용비율(고용노동부 통계, 2011~2012년)

직종	채용비율(%)	순위
재무, 회계	6.9	
사무관리	6.8	
경영, 기획	6.7	
생산, 품질관리	15.1	2위
구매, 물류, 자재	2.4	
해외영업, 마케팅, 무역	12.7	3위
국내영업, 마케팅, 유통	12.7	3위
법률 전문직	1.6	
기술, 연구개발	23.0	1위
건설, 부동산 관련	4.1	
컨설팅	1.2	
사외이사	0.3	
기타	6.5	

취업의 화살을 명중시켜라

취업에서의 타깃 마케팅이란 취업이라는 목표를 위해 차별적인 방법으로 취업의 기회를 스스로 찾는 일련의 과정을 말한다.

이력서가 시작이다

가장 먼저는 이력서 작성에서 시작된다. 지금까지 이력서를 단 한 번도 작성해보지 않은 중견세대들은 '이렇게까지 해야 하나?' 할 정도로 성가신 작업일 수 있다. 하지만 청년층과 달리 중견세대들은 기본적인 문서작성 능력 때문인지 한 번의 컨설팅만으로도 기획안 작성하듯 이력서를 잘 작성하는 편이다. 이력서는 취업의 1차 관문이며, 취업활동을 어떤 목표와 방향으로 진행할 것인지에 대해 나침반 역할을 해준다.

직종은 채용공고의 제목과 같은 역할을 하며, 채용담당자가 구직자를 필터링하는 기준도 된다. 직종을 타깃으로 취업활동 하는 방법은 다음과 같다.

직종을 타깃으로 취업활동 하는 방법

- 최근 8년~10년 동안 지속적으로 수행한 직종이 무엇인지 파악하라
- 15~20년 동안 일관되게 수행한 직종이 무엇인지 파악하라
- 중소기업을 타깃으로 지원할 수 있는 직종이 몇 개인지 파악하라
- 만일 한 직장에서 25년 이상 근무하면서 순환보직을 했다면 직무 중심으로 직종을 분류하라
- 파악된 직종을 대상으로 취업사이트를 검색하라. 중소기업은 대기업과 달리 업무 범위가 명확히 구분되어 있지 않아 유사 직종도 검색해야 한다.

A구직자는 첫째, 최근 8~10년 동안 경영과 재무관리를 수행했고, 둘째, 15~20년 동안 일관되게 사무관리(기획, 총무, 인사, 재무) 직종을 수행했다. 또한 셋째, 이를 바탕으로 중소기업에 지원할 수 있는 채용분야를 파악해보니 경영(기획)관리자, 재무관리자, 회계분야, 인사총무, 컨설팅 등이라는 것을 알았다.

A구직자는 지금까지 재무관리로만 취업사이트를 검색했는데, 이

러한 방법을 이해한 후 검색 분야를 5개로 넓힐 수 있었다.

아이템으로 타깃팅하라

채용조건 중 두 번째로 중요한 것은 아이템이다. 휴대폰, 카메라, 프린터, 폐기물, 섬유, 완구, 전자 등 채용담당자가 이력서를 검토할 때 중요한 채용 조건으로 작용하고 있다. 직종에 따라 다르긴 하나 일부 기업들은 아이템과 거리가 멀면 아예 서류조차 받지 않는 경우도 있다. 때문에 이력서 작성 시 지원하는 회사의 아이템을 취급했거나 유사 아이템 경력이 있다면 그 내용을 부각해서 상세히 작성하는 것도 필요하다.

이력서 작성 시 주의사항

- 최근까지 취급한 아이템과 가장 오랫동안 취급했던 아이템을 파악하라
- 자신이 취급한 아이템과 관련된 업종에서 유사 아이템들을 파악하라
- 자신이 취급한 아이템 및 유사 아이템별로 서브아이템을 나열하라
- 서브아이템별로 5개 기업을 선정하라. 서브아이템 기업 선정은 취업지원센터, 경제연구소, 증권회사 리포터, 인터넷 검색, 경제신문, 인맥 등을 통해 파악할 수 있다
- 리스트업 한 기업을 대상으로 지리적 위치, 성장성, 안정성, 비전, 임금 등을 파악하여 SWOT분석을 하라! 기업조사는 인터넷 검색 및 기업 자료를 통해 정보를 수집할 수 있으며, 재무 상태는 무료 사이트인 전자공

시시스템http://dart.fss.or.kr과 유료 사이트인 크레탑www.cretop.com 등을 통해

파악할 수 있다

• 그 기업을 대상으로 취업사이트 검색 및 취업활동을 시작하라

B구직자가 최근까지 가장 오랫동안 취급했던 아이템은 핸드폰이었다. 그는 첫째, 핸드폰의 유사 아이템으로 전기전자, 통신, IT, 제조 업종에서 프린터, 인쇄, 조명기기 등을 찾아냈다. 둘째, 그중 핸드폰을 기준으로 서브아이템을 탐색하니 CASE, PLC, LCD 분야가 나왔다. 셋째, 그는 핸드폰 케이스를 타깃으로 관련업체를 검색하여 중소기업 5개를 리스트업 했다. 넷째, 5개 업체를 파악한 후 지원할 만한 3개 업체를 다시 선정한 후 지원활동을 시작했다.

또한 취업사이트를 검색할 경우 첫째, B구직자의 직종이 기술개발이었다면 직종 키워드를 기술영업, 연구, 품질관리 등으로 검색할 수 있다. 하지만 B구직자가 중소기업에서 기술개발 이외에 경영관리까지 수행했다면 직종 키워드를 경영관리까지 넓혀야 한다. 또한 업종으로 검색한다면 업종 키워드를 전기전자, 통신, 제조, IT로 선택한 후 각각에 등록된 채용공고를 검색해야 한다.

핵심역량을 타깃팅하라

이력서의 꽃은 핵심역량이다. 핵심역량은 쉽게 말하면 가수 싸이처

럼 남들이 흉내 내기 힘들고 차별화되고 우월한 개인적 특성으로, 직장생활하면서 개인 또는 팀이 이루어낸 성취 업적, 전문성, 지식, 기술, 추진력, 일의 책임범위, 리더십, 아이디어 등을 말한다.

직장생활을 10~20년 동안 하게 되면 어떤 이력서든 핵심역량은 내용이나 성과 면에서 유사한 내용들이 많은데, 단지 차이가 있다면 이력서를 성의 있게 작성하고, 적절히 잘 표현했느냐의 설득력 차이이다. 때문에 자기만의 색깔로 자기만의 이력서를 작성하는 것은 취업활동에서 매우 중요하다.

핵심역량이란 직종에 따라 내용이 조금씩 다르다. 즉 연구개발일 경우는 아이템 취급 경험, 개발 및 양산경험, 공정 및 생산업무, 커뮤니케이션 능력 등이 핵심역량일 수 있으며, 해외영업일 경우는 해외주재 경험, 외국어 능력, 바이어 발굴, 신사업 구축, 해외시장 확대 등이 핵심역량으로 작용할 수 있다. 핵심역량은 채용에 당락을 결정할 수 있어 이력서 작성에 자신이 없다면 취업지원기관에서 이력서 클리닉을 한 번 이상 받는 것도 필요하다.

외국어를 타깃팅하라!

기업체 채용 조건을 보면 외국어가 필수인 채용 조건이 있다. 외국어가 원어민 수준, 해외주재 경험, 제2외국어 특히 포르투갈어, 스페인어, 동남아시어 등을 구사한다면 취업에 유리할 수 있다. 일부 회사는 경력이 비슷할 경우 외국어 능력을 기준으로 채용하는 경우도 있다. 최근 해외 진출을 시도하는 업체가 증가하면서 외국어에 대한 수요도 증가하고 있어서 해외주재 경험과 외국어 능력이 있다면 좀 더 유리할 수 있다.

외국어 면접은 보통 30분~1시간으로 프리토킹으로 진행하며, 일부 회사는 사업계획안을 외국어로 프레젠테이션할 것을 요구하기도 한다. 일부 외국어에 자신감이 많은 중견세대들은 면접 시 긴장을 푸는 경우가 많은데 막상 면접장에 들어가면 발음, 억양, 표현력과 설득력이 떨어져 실패하는 경우도 종종 일어난다. 때문에 사전에 면접 준비를 철저히 하는 것이 필요하다.

학력, 학과, 자격증, 근무지역을 타깃팅하라

학력은 산학협력교수 및 현장전문가 등 특수 분야, 임원급, 연구인력 채용일 경우 석사 학위 이상을 요구한다. 학과는 기술·제조·기술영업·연구·건설 분야 등에서 유사학과 및 자격증을 요구하나 강제사항은 아니다. 마지막으로 지역은 눈에 띄는 채용 조건은 아니나 지방소재 제조 중소기업에서는 매우 중요한 채용 조건에 들어간다. 중소기업 대부분은 급여가 낮고, 근무 시간이 길며, 차량유지비 지원이 안 되다 보니 근거리 거주 구직자들을 선호한다. 때문에 출퇴근 소요시간이 짧다면 취업에 유리할 수 있다.

취업의 핵심은 취업활동이다. 취업활동은 인터넷, 인맥활용, 헤드헌팅, 취업지원센터의 도움을 받는 것도 중요하나 구직자 자신이 주도적으로 활동하는 것이 더욱더 중요하다.

첫째로, 취업사이트는 구직자가 적극적으로 검색해야 한다. 아무리 유능한 취업상담사일지라도 구직자의 전문 분야는 구직자가 보는 만큼 정확하지 못하다. 취업지원센터나 서치펌은 의지하는 대상보다 협조 및 지원 대상으로 생각하는 것이 좋다. 비록 취업사이트에 등록된 채용정보가 적더라도 낚시꾼이 고기를 잡듯 인내심을 갖고 검색하라. 포기하지 않고 검색하다 보면 고기가 밑밥에 걸리듯 채용 정보를 어느 순간 발견하게 된다.

물론 고기를 잡는 데 얼마의 시간이 걸리지는 모르나 그럼에도 불구하고 정보를 낚을 때까지 꾸준히 검색해야 한다. 얼마 전 취업에 성공한 J씨(53세)와 통화를 하면서 취업경로를 물어보니 취업사이트 검색을 통해 취업에 성공했다고 말했다. 과거 아이템은 섬유 분야로 지금은 전혀 다른 아이템을 취급하지만 발전 가능성은 매우 높은 회사라는 것이다. 대어를 잡았을 때의 기쁨은 낚시꾼밖에 모르는 것처럼, 취업에 성공한 기쁨은 구직자 외에는 아무도 모른다. 단, 물고기 잡는 법을 모를 경우, 즉 컴퓨터 활용능력, 취업사이트 검색이 서투르다면 반드시 센터의 도움을 받아 컴퓨터 활용능력을 습득하라.

둘째, 추천을 받는다. 취업사이트를 통해 지원할 회사를 파악했다면 구직자가 직접 지원할 것인지 또는 추천으로 지원할 것인지를 선택해야 한다. 대부분은 구직자가 직접 지원해도 무방하나, 채용정보에 연락처, 담당자 이름, 이메일 정보가 나와 있고 그 업체에서 일하고 싶은 기대치가 높을 경우 직접 지원하기보다는 취업지원센터로부터 추천을 받는 것도 좋은 방법이다. 구직자가 직접 지원할 경우는 다수의 지원자 중 한 명일 수 있으나, 추천을 받을 경우는 추천하는 사람이 구직자의 장점도 부각시키기 때문에 좀 더 차별화시킬 수 있다.

셋째, 이력서를 우편으로 발송하라. 이력서는 이메일로 진행하는 경우가 대부분이나 우편으로 지원하는 방법도 있다. 대부분 중견세대들은 한 분야에서 오랫동안 일한 경험 때문에 동종 업체 및 경쟁업체 등에 대한 정보를 수집하고 검색하는 방법을 잘 알고 있다. 그러니 업체가 수집되었다면 이러한 기업을 타깃으로 전화통화를 진행하면서 채용 수요 파악, 채용담당자 이름과 직책, 주소 등을 파악한다. 채용업체에 대한 파악이 끝났으면 지원회사에 맞게 이력서를 수정, 보완한 후 커버레터와 함께 우편으로 발송한다. 우편을 보낸 이후에는 우편 수취 여부까지 파악해야 한다.

실직 기간이 7개월을 경과한 시점인 무더운 여름, K씨(47세)는 15년 동안 일하면서 수집했던 아이템과 관련된 동종업체 기업체 정보를 이용하기로 했다. 해외에 진출해 있는 회사는 법인장에게 이력서를 직접 보냈으며, 국내 50개 기업체는 커버레터를 포함한 이력서를 우편 발송했다. 이러한 노력 덕분인지 15일이 지난 시점 5개 기업체로부터 면접 제의가 왔으며, 그중 2개 업체에 면접을 진행, 지금은 W중소기업에 최종 취업이 되어 우즈베키스탄 해외법인장으로 일하고 있다.

넷째, 현장과 부딪치고, 적극적으로 활동하라. 취업은 생각과 말보다 활동이 중요하다. 구직자들은 취업하고자 하는 적극적인 마음은 있으나 막상 행동은 소극적인 구직자들이 많다.

C씨(58세)를 만난 것은 2010년 11월이었다. 그는 자동차 품질관리 경력자로 다른 구직자에 비해 매우 활동적인 사람이었다. 그는 취업지원센터를 적극적으로 활용하면서 정보수집, 교육프로그램 참여, 중장년 채용박람회 참석, 헤드헌터와의 인맥, 자동차업계 정기모임 참석 등 취업활동 및 사회활동도 열심히 했다. 하지만 영어가 부족해 입사의 기회를 몇 번 놓치는 아쉬움도 있었다.

C씨는 평균 1년마다 한 번씩 센터를 방문했다. 그는 1년에 한 번은 취업에 성공했으나 회사경영사정, 계약만료 등으로 회사를 그만두게 되었다. 최근 그가 다시 센터를 방문했는데 취업에 성공해서 인사하러 왔다는 것이다. 2010년~2013년 동안 회사를 3번이나 이직했다는 것은 취업 역시 3번을 성공했다는 것이다.

55세~58세 사이에 3년 동안 3번씩이나 취업에 성공한 것이다. 올해 취업한 회사는 중견기업으로 1년 계약으로 일하고 있으며, 이후 연장되면 정년은 보장될 것 같다는 것이다. C씨처럼 취업은 생각과 말보다 현장과 부딪치면서 지속적으로 활동을 해야 한다. 난 C씨를 볼 때마다 삶의 의욕과 열정을 또 한 번 배우게 된다.

시간을 활용하라

취업활동은 시간관리가 중요하다. 취업활동을 시작한 지 3개월이 경과했다면 취업활동 이외에 취업교육프로그램 참석, 자격증 취득, 역량개발 교육, 교양 및 문화 활동 등으로 실직이라는 공백 기간을 충분히 활용해야 한다. 또한 취업은 채용 시기가 있어 연말, 연초인 12~2월과 여름휴가와 추석연휴가 있는 8~9월은 기업들의 채용도 감소하기 때문에 일보 전진을 위한 일보 후퇴의 기간으로 생각하면서 교육 및 훈련 등 역량 개발의 준비 기간으로 활용하는 것도 나쁘지 않다.

취업은 정보가 80%를 차지한다

"자동차부품회사의 품질관리를 나만큼 아는 사람이 없고, 이 분야에 네트워킹도 잘 되어 있는데 왜 취업이 안 되는지 모르겠어요. 경영총괄 임원으로 어려울 때 자금을 끌어드리고, 재무구조를 정상화시킨 경력이 있는데 취업이 왜 안 되는지요? 해외경력이 20년이 넘고 해외 출장만 해도 100번도 넘는데 왜 취업이 안 되는지 모르겠네요."

이러한 원인 중 하나는 정보수집에 실패일 수 있다. 중견세대들의 취업은 '정보'에 따라 좌우가 될 정도로 정보가 매우 중요하다. 즉 중견세대들의 취업은 능력의 문제라기보다는 기회의 문제일 수 있기 때문이다.

작년에 센터를 방문한 P씨(50세)는 사업에 실패한 후 자포자기한 상태로 등산만이 삶의 유일한 낙이었다. 센터를 처음 방문했을 때도 등산복 차림이었는데 우연인지 필연인지는 몰라도 방문한 바로 그날 P

씨(50세)에게 아주 적합한 채용정보가 들어온 것이다. 현재 소규모 중소기업의 임원으로 일하고 있는데 이렇듯 정보란 중견세대들에게는 아주 중요한 조건으로 작용하고 있다.

문제는 정보다

구직자들이 취업활동 하면서 자주 하는 말은 "취업사이트를 검색해도 채용정보가 없다"는 것이다. 하지만 구직자와 상담을 해보면 검색을 해도 정보가 없다는 문제보다 올라오는 정보가 적다 보니 검색을 조기에 포기하는 데 문제가 더 컸다. 대기업 임원으로 퇴직한 사람들은 이마저도 자신이 직접 검색하기보다 상담사에게 의존한다.

취업사이트는 사람마다 검색 스킬이 다르나 보니 정보수집 정도도 사람마다 다르다. 쉬운 예로 같은 사이트를 보고도 취업지원센터의 컨설턴트는 A업체의 채용정보를 검색하나, 구직자는 잡서치 요령과 방법에서 검색이 서투르다 보니 같은 정보를 보고도 못 보는 경우가 있다. 하지만 취업사이트는 반복하다 보면 검색스킬도 증가하는 동시에 취업사이트의 특징이나 채용현황도 한눈에 파악할 수 있어 꾸준한 검색이 필요하다. 취업사이트에서 중견세대들을 채용하고자 하는 정보가 적은 것은 사실이나 현장 경험 상 50세 이상의 구직자들이 취업사이트를 통해 채용되는 케이스도 적지 않다.

정보를 최대한 활용하라

정보는 크게 오픈잡Open Job과 히든잡Hidden Job으로 나눈다. 오픈잡은 모든 사람에게 공개된 정보로 그야말로 누구나 아는 정보이며, 히든잡은 공개되지 않은 정보 즉 아는 사람만 아는 정보이다. 오픈잡은 취업 포털사이트에 등록된 구인정보, 신문광고, 생활정보지 등을 말하며, 히든잡은 인맥, 헤드헌터, 내부 직원과 경영층만 알고 있는 외부에 공개되지 않은 정보이다.

일부 기업들이 채용을 공개적으로 하지 않는 이유는 오픈잡을 통해 들어온 이력서에 대한 신뢰가 적다는 점과, 지원자가 많을 경우 채용담당자의 업무가 과중된다는 점 때문이다. 또한 직원들의 이직이 빈번하여 수시 채용을 하는 중견기업일 경우는 기업 이미지 때문에 오픈잡을 이용하기보다 인맥이나 헤드헌터, 중장년 취업지원센터를 통해 추천을 받는다. 또한 일부 기업은 관리자 채용이 5명이라도 실제는 2명으로 올리는 경우가 있는데 이것도 기업 이미지 때문으로 볼 수 있다.

채용 정보를 분석하라

중견세대들의 취업은 '되고' '안 되고'의 문제보다 '언제 되느냐?'가 더 중요하다. 취업기간이 6개월인지, 12개월인지를 짐작할 수 있는 가장 쉬운 방법은 희망넷, 워크넷, 잡코리아, 사람인 등의 취업사이트를 분석하는 일이다.

즉 취업사이트에 등록된 채용정보 중 '내가 지원할만한 업체가 사이트에 얼마나 등록되고 있는지?' '지원 후 기업체로부터 면접 통보는 얼마나 들어오는지?' 등을 분석하는 것이다. 일반적으로 취업기간이 8개월이 경과했다면 이직 외에 전직을 고려하는 것도 나쁘지 않다.

채용 동향을 파악하라

기업의 채용동향은 취업지원센터 또는 취업사이트를 통해서도 파악할 수 있다. 센터로 채용을 의뢰한 업체를 분석해 보면 2010~2011년은 건설, 조선, 기계분야, 화학, 대체에너지 등에 채용이 많았으나 현재는 조선과 건설 분야는 눈에 띄게 감소했으며, 해외영업 분야 역시 2~3년 전보다 채용이 약간 줄어들었다. 그러나 제조·생산·연구개발 분야는 꾸준히 채용이 일어나고 있다. 때문에 실직 기간이 장기화될 것 같으면 다른 분야로 전직을 하거나 추가로 창업, 1인 기업, 자격증, 교육·훈련 등 취업목표를 재설정하는 것도 필요하다.

취업사이트는 많이 알면 알수록 좋다

취업사이트의 종류는 매우 다양하다. 중견세대가 이용할 만한 대표적인 취업사이트는 중장년채용사이트 희망넷www.4060job.or.kr으로 40세 이상을 채용하는 채용정보만 등록되어 있다. 그밖에 고용노동부의 워크넷work.go.kr, 민간취업사이트인 잡코리아jobkorea.co.kr, 사람인saramin.co.kr, 인크루트incruit.com 등이 있다. 서치펌 취업사이트로는 피플앤잡peoplenjob.com,

대상·직종·업종별 사이트로 파인드잡findjob.co.kr, 사무잡samujob.co.kr, 워커
잡workerjob.com, 미디어잡mediajob.co.kr 등이 있다. 그밖에 서울시 일자리플러
스센터job.seoul.go.kr, 경제단체에서 운영하는 무역협회 취업사이트jobtogether.
net, 전경련 취업사이트fki-rejob.or.kr 등이 있다.

취업사이트는 사이트마다 특징이 있고 등록되는 정보 역시 다양해
서 채용공고를 주기적으로 검색하는 것이 필요하다. 또한 취업사이트
에 등록된 이력서는 수시로 업데이트하고, 이력서를 발송할 때는 그
기업에 맞는 맞춤식 이력서를 발송해야 한다.

공공기관 및 정부기관 일자리 정보를 검색하라

보건복지부, 고용노동부, 서울시, 중소기업청, 코이카, 코트라, 정보
통신진흥협회 등 정부기관 및 공공기관, 민간단체에서 중견세대를 위
한 일자리지원 사업이 전개되고 있다. 시니어 인턴사업, 중장년 인턴사
업, 사회공헌일자리, 중소기업컨설팅사업, 특성화고 강사, 취업지원관,
산학협력 대학교수, 해외파견 자문단 사업 등은 중견세대들이 지원할
만한 사업으로 이러한 정보를 위해 정부기관이나 공공기관 홈페이지
를 검색하는 것도 필요하다.

서치펌(헤드헌팅사)을 이용하라

서치펌 정보는 대부분 히든잡이다. 일부 서치펌은 인사담당자와 연
결고리를 갖고 있으면서 후보자에 대한 심사 및 추천 권한도 있어 직
종에 맞는 서치펌을 찾아 이력서를 제출하는 것도 좋은 방법이다.

그밖에 채용박람회, 인력파견업체, 언론 채용광고(신문, 잡지, 미디어), 전단지·생활정보지·직업소개소 등의 정보도 취업에 활용할 수 있는 정보들이다.

취업활동은 전화에서부터 시작된다

취업활동은 대면상담, 전화, 핸드폰 메시지, 이메일, 사이트를 통해 대부분 진행되고 있는데, 이 가운데 전화는 아주 중요한 의사소통 수단이다. 심리학자 메라비언의 연구 자료에 따르면, "사람간의 전달회로는 시각적인 부분이 55%, 청각이 38%, 말의 내용이 7%로 목소리의 영향력이 아주 크다"고 했다.

전화도 스킬이다

취업지원센터의 상담사들은 일과 중 가장 많은 시간을 구직자와의 전화 상담으로 보낸다. 전화는 시각적인 효과는 없어도 구직자의 성향, 성격, 태도를 판단하는 도구로 이용될 수 있다 보니 구직자들의 위압적이고, 권위적인 목소리는 부정적인 인상을 줄 수 있다. 취업지원센터 상담사들이 대부분 여성인 점을 감안할 때 무겁고 딱딱한 말투보다 부드럽고 수용적인 목소리로 응대하는 것이 좋은 이미지를 줄 수 있다.

전화통화에 최선을 다하라

중견(소)기업체 채용담당자들은 서류 검토과정에서 1차 서류 합격자를 대상으로 전화통화를 진행하는 경우가 있다. 이러한 전화는 면접을 통보하기 전단계로 이력서에 궁금한 부분이 있을 경우 전화를 이용한다. 이러한 전화는 반드시 면접을 통보하는 것은 아니나 지원자의 전화 목소리와 태도, 입사에 적극성, 겸손한 매너, 밝은 목소리 등 구직자를 파악할 수 있는 사전 기회가 된다. 때문에 구직자가 전화응대를 어떻게 했느냐에 따라 1차 전화통화로 끝나버릴 수도, 면접까지 진행될 수도 있다.

면접

면접통보는 일반적으로 전화(핸드폰)로 이루어지며, 면접 날짜는 기업체에서 일방적으로 통보하는 경우가 많다. 기업이 통보한 면접일을 보면 통보받은 바로 그 다음 날 아침일 수도 있으며, 그 주 토요일일 수도 있다. 또한 본사가 서울에서 4시간 이상 걸리는 지방이라도 이틀 후 면접이 가능하냐고 물어보는 경우도 있다.

하지만 구직자가 조금이라도 망설이거나 부정적인 반응을 보인다면, 즉 구직자가 면접을 2~3일 늦추거나 토요일 면접을 평일로 바꾸거나, 지방면접에 불만을 갖고 있으면 더 이상의 면접은 진행되지 않는다. 결국 취업 의지가 더 높은 구직자들이 면접장에 온다는 것이다. 이렇게 취업활동에서는 갑은 기업이고 을은 구직자라는 것을 기억해야 한다.

K씨(50세)는 구직자 중에서도 적극적이고 활동적인 사람이었다. 그는 자신이 원하는 회사를 검색하면서 회사 채용담당자들과도 전화통화를 진행했다. 그렇게 구직활동한 지 2개월이 지난 시점, J기업 인사부장과 일대일 미팅을 갖게 되었다. J씨는 K씨의 이러한 적극성과 긍정적인 사고를 높이 평가했으며, 마침 채용 수요도 있고 해서 사장 면접을 볼 수 있도록 다리 역할을 해주었다.

하지만 문제는 여기서 생겼다. 오너와의 면접이 어렵게 잡힌 순간 K씨는 자기 사정에 맞춰 날짜를 미루게 됐고, 그러다 보니 더 이상 연락이 오지 않았던 것이다. 보통 중견(소)기업체 사장·회장들은 대기업만큼이나 해외출장이 많고 일정이 빡빡해서 관리자들이 면접 일정 정하기가 쉽지 않은 경우가 있다.

때문에 구직자들이 면접 날짜를 한 번 미루게 되면 그 자체로도 좋은 인상을 주기 힘들지만 면접 일정을 다시 잡는 것은 더 힘들다. 상황이 이렇다 보니 전화로 면접 통보를 받으면 천재지변이 아닌 이상 오케이맨OK - man이 되는 것이 필요하다.

단답형보다 서술형으로 말하라

채용담당자와의 전화통화는 단답형보다 서술형 대화가 좋다. 중견 세대 남자들은 대부분 길고 장황하게 말하는 것을 선호하지 않다 보니 습관적으로 대화가 단답형이 될 경우가 많아 성의 없이 말하는 것으로 느껴질 수 있다.

P씨(45세)는 프리랜서로 활동하는 구직자였다. 하지만 수입이 일정하지 않다 보니 정규직으로 일하기 위해 여러 기업에 이력서를 제출했다. 그러던 중 오랜만에 채용담당자로부터 전화 한통을 받았다.

"이력서를 보니 현재 프리랜서로 일하고 있는 것 같은데 맞습니까?"

"네! 일하고 있습니다."

"그럼 지금이라도 일할 수 있는지요?"

"아……. 네! 할 수 있습니다."

하지만 채용담당자로부터 더 이상의 연락은 오지 않았다. 나중에 채용담당자의 말을 들어보니 P씨가 현재 일하고 있어서인지 느낌에 '일해도 그만 안 해도 그만'일 정도로 성의가 없어 보여 면접 통보는 안 했다는 것이다.

하지만 이렇게 응대했다면 어떤 결과가 있었을까?

"이력서를 보니 현재 일하고 있는 것 같은데 맞습니까?"

"네! 일하고 있습니다. 하지만 현재 프리랜서로 일하고 있어 출근하는 데는 크게 문제는 없습니다.

"그럼 지금이라도 일할 수 있는지요?"

"그렇습니다! 정리할 시간을 주시면 바로 일할 수 있습니다. 회사 사정에 맞춰야지요. 좋은 기회 주시면 감사하겠습니다."

두 번째 전화통화 내용을 보면 일하고자 하는 의욕과 구직자의 겸손함을 느낄 수 있다. 전화로 대화할 경우는 대면을 통해 말할 때보다 좀 더 적극적이고 밝은 목소리로 얘기해야 한다. 전화통화가 최종 결과는 아닐지라도 'Here and Now!' 지금 현재 최선을 다하는 자세가 중요하다.

또한 비즈니스에서는 의사소통이 아주 중요하다. 의사소통은 스킬도 아니고, 입에서 나오는 말도 아니다. "말이 씨가 된다"는 말처럼 말은 그 사람의 생각과 마음이며 행동까지 좌우한다. 실례로 취업지원센터 상담사들은 회사 정보를 알리거나 추천을 위해 전화를 했을 때 구직자가 마음에 들지 않는다고 사무적으로 응대하고 성의 없이 거절하다 보면 그 구직자는 "out of sight, out of mind"라는 말처럼 점점 멀어지게 된다.

구직자들이 여러 업체에 지원하다 보면 어느 순간 채용담당자로부터 예상치 않은 전화를 받는 경우가 종종 일어난다. 취업활동 기간 동안에는 이력서를 지원한 기업의 담당자 이름과 전화번호를 핸드폰에 입력하는 것이 필요하다. 우스운 예로 무역협회 일자리센터 전화번호는 6000번으로 시작한다. 번호가 6000번이다 보니 구직자들은 스팸 전화로 인식하여 의식적으로 전화를 받지 않는 경우들도 생긴다. 하지만 취업을 희망하는 구직자라면 센터 전화를 등록하는 센스와 기억하는 센스가 있다면 어떨지 아쉽기만 하다.

전화에 신경 써라

중장년 구직자들의 40%는 전화를 잘 받지 않는다. 전화해서 메시지를 남기면 50%만 회신을 한다. 또한 구직활동이 길어지면 수신거부, 결번, 일시적 정지 등의 음성이 들리는 경우도 많이 일어난다. 이러한 구직자들은 소극적 고객으로 분류가 되어 취업서비스를 제대로 받지 못하는 손해를 볼 수 있다.

채용담당들이 면접통보 시 구직자가 전화를 2~3번 이상 받지 않으면 더 이상 연락을 하지 않는다. 더욱이 기업이 전화를 3번 이상 했는데도 회신이 없는 구직자는 채용을 안 한다는 것이다. 센터 상담사들역시 전화, 핸드폰 메시지, 메일을 보내는데도 연락이 오지 않는다면 그 구직자에 대해서는 부정적인 선입견이 생긴다고 말한다. 때문에 취업활동 기간만큼은 '모르는 전화니 상대방이 급하면 전화하겠지'의 마음보다 번호를 등록하고, 전화에 신경 쓰고, 적극적으로 응대하는 것도 취업을 성공적으로 이끄는 방법 중에 하나다. 취업은 전적으로 내 문제지 다른 사람의 문제는 아니기 때문이다.

재취업에 성공하는 필수 취업교육

해외생활을 오랫동안 한 사람들은 구직자들을 위한 취업지원서비스가 우리나라만큼 좋은 나라도 없다고 말한다. 아니 오히려 더 나은 부분도 많다고 한다. 하지만 이러한 서비스도 알아야 이용할 수 있다. 대부분의 청년층들은 졸업 전에 취업에 관련된 여러 종류의 강의, 교육 프로그램, 심리검사 등을 경험하는데 부모 세대인 중견세대들은 퇴직을 하더라도 서비스 한 번 이용하지 못한 채 취업활동을 시작하는 경우가 많다.

취업활동은 하나의 스킬이다. 취업스킬이란 알면 알수록 취업의 길이 보이고, 취업이 막막하지 않으면서 성공률도 높일 수 있다. 구직자들이 취업활동을 시작할 때 취업스킬을 높이기 위해 필수적으로 받아야 할 4가지 교육이 있는데 그건 '변화관리' '이력서 작성 스킬' '면접(인터뷰)스킬' '취업전략'이다.

변화관리Change Management

이직과 전직이 반복되고, 직장에서 예상치 못한 퇴직이 빈번히 발생될 때마다 중견세대들은 미래에 대한 걱정, 불안, 두려운 마음이 커질 수 있다. 변화관리란 어떤 목적된 방향으로 가기 위한 감정, 태도, 행동 등을 향상시키고, 그에 따른 장애물들을 제거하고 개선하는 교육이다.

대기업에서 오랫동안 근무한 사람이 중소기업 입사했을 때 겪게 되는 중소기업 적응의 문제, 조직생활에서의 대인관계, 성과의 문제, 실직으로 인한 심리적 고립, 목적의 상실, 이전 직장에 대한 배신감, 불확실한 미래에 대한 위축의 문제 등을 다룬다. 변화관리는 이중 무엇을 변화시킬 것인지, 그리고 자신을 어떻게 효율적으로 관리할 것인지, 자신을 수용하고 이해하는 문제는 무엇인지 등의 변화관리를 통해 새로운 환경에 적응하도록 돕는다. 변화는 이제 더 이상 선택의 문제가 아니다. 변화는 생존의 문제가 되어 버렸다.

이력서 작성 스킬 Resume Skill

이력서는 면접 가능성을 결정짓게 하는 결정적인 역할을 한다. 이력서가 취업 성공에 큰 역할을 담당하다 보니 이력서 작성에도 여러 가지 스킬이 제시되고 있다. 이력서는 과거 20년, 10년, 5년 전과 달리 스타일, 형식, 내용 면에서 유행처럼 달라지고 있다.

경찰공무원으로 퇴직한 L씨(57세)는 그야말로 잘 작성된 이력서 하나로 높은 경쟁률을 뚫고 행정사로 취업했다. 정년퇴임한 대부분의 구

직자들은 취업활동 경험이 부족하다 보니 과거 30년 전 문방구 이력서
형식으로 이력서를 작성한다. 하지만 L씨는 퇴직 후 전직지원센터를
방문해 이력서 작성 교육뿐만 아니라 담당 컨설턴트와의 상담을 통해
이력서를 보기 좋게 완성했다.

이후 취업사이트를 통해 여행사의 행정사 채용에 지원했는데 단
한 번에 채용에 성공한 것이다. 채용이 된 후 직원에게 채용 이유를 물
으니 이력서 형식과 내용이 다른 지원자들과 많이 달랐고, 흑백이 아
닌 컬러로 이력서가 제출되다 보니 사장이 L씨의 이력서만 따로 뽑아
면접을 진행했다고 전했다. 이렇듯 이력서는 채용을 위한 제1관문으
로 매우 중요한 역할을 한다.

면접 스킬Interview Skill

중견세대들은 과거 재직 당시 직원들을 채용한 경험 때문에 면접
에 대한 자신감이 남다르다. 때문에 면접교육을 추천하면 "그냥 보면
되지요!"라고 말하는 구직자들이 더러 있다. 중견세대들은 중소기업
에 입사하더라도 직책이 부장급 이상이다 보니 면접시간도 보통 30분
~1시간이 소요된다.

또한 채용까지 면접 횟수도 3차례 이상 진행되는 경우도 흔하다.
면접 경험이 많은 중견세대라도 막상 면접장에 들어가면 잘하던 말도
막히고, 긴장하고, 압박 질문에 쉽게 넘어가면서 태도와 시선이 불안한
경우들이 많이 생긴다.

면접스킬은 강의나 교육을 받는 것보다 사전에 시뮬레이션을 받는

것이 더 필요하다. 일부 취업지원센터는 면접 실습장면을 동영상으로 찍어 세심한 피드백까지 진행하는 곳도 있다. 면접교육은 예상 질문에 대한 응답 요령, 압박질문 대처, 면접전략, 행동 요령, 연봉 협상 등 면접성공의 노하우를 알려준다.

경남 소재 L중견기업 국내영업 차장으로 취업된 S씨(45세)는 센터에서 진행한 취업지원 교육을 4일 동안 참여하였다. 교육이 끝난 후 센터로부터 L중견기업을 소개 받아 최종 면접까지 보게 되었는데 회장 질문에 대답을 잘한 것을 이유로 다른 경쟁자를 물리치고 취업에 성공했다. 그는 재취업 성공의 사유에 대해 다음과 같이 말했다. "면접 교육을 사전에 잘 받은 덕분에 압박 질문을 받아도 긴장하지 않고 준비한 대로 대답한 것이 취업에 성공하도록 해준 것 같습니다."

취업전략Job Strategy

취업전략은 비즈니스로 따지면 마케팅전략으로 취업의 행동전략과 요령, 방법 등을 알려준다. 인맥관리, 취업 사이트 검색, 기업체 지원 요령, 고용 및 시장 동향, 취업 정보수집 방법, 취업기관 정보 등 취업전략은 어느 기관에서 교육을 받던지 한 번 정도는 반드시 들어야 한다.

이 교육이 중요한 이유는 강사들의 강의를 통해 취업의 노하우를 접할 수 있기 때문이다. 따라서 취업활동을 할 때 시행착오를 줄이는 효과가 있다. 중견세대들이 보내온 취업 성공 수기를 읽어보면 취업전략 교육의 중요성을 강조한 구직자들이 많았다.

고용노동부 산하 전국고용센터

다양한 직업심리검사 실시 및 해석, 고용동향 및 일자리 정보제공, 직업능력진단 및 직업훈련정보제공, 심층상담, 집단프로그램 실시하고 있다.

성취프로그램: 취업활동 방법, 취업기술, 취업자신감 향상 등 5일 과정, 12~15명 교육 참여

취업희망프로그램: 중장년 취업, 동기부여, 취업 자신감 및 대인관계 향상, 3~5일 과정, 12~15명 교육 참여

성실 프로그램(성공적인 실버): 55세 이상 고령자의 제2의 인생설계, 구직 기술 및 취업자신감 향상, 5일 과정, 12~15명 교육 참여

주부재취업설계: 경력단절 여성의 직업탐색 및 취업목표 설정, 이밖에 이력서, 면접, 취업전략, 의사소통 스킬 등 단기집단상담 및 단기 취업특강도 진행하고 있다.

중장년 재취업집단프로그램: www.work.go.kr/jobcenter

중장년일자리희망센터 www.4060job.or.kr

전국 25개 기관에서 40세 이상 중장년 퇴직(예정)자에게 재취업 및 창업, 생애설계 지원, 사회참여 기회 제공 등의 종합전직지원서비스 무료로 제공

재도약 집단프로그램 : 50시간 집중관리 교육프로그램, 취업활동, 취업능력향상, 재취업전략수립, 경력분석, 변화관리 등, 일대일 상담, 취업교육, 동아리활동, 박람회지원, 중소기업 견학, 구인구직매칭 등

서울일자리플러스센터www.job.seoul.go.kr

서울시에서 운영하는 재취업지원센터로 중장년, 여성, 고령자를 위한 취업 및 창업교육을 상설로 진행하고 있다.

기타 전국 구청 내 일자리지원센터, 용인, 성남. 수원 시청 등 경기지역 일자리지원세터, 여성발전센터 등에서도 재취업 교육프로그램을 운영하고 있다(교육기관 연락처는 부록 참조).

그런가 하면 최근 중장년층을 대상으로 대학 평생학습 열기도 높아지고 있다. 각 대학마다 인문학, 문화, 스포츠, 은퇴교육, 생애설계, 중장년취업과정까지 다양한 커리큘럼을 개설하여 중장년의 진로 설계를 도와주고 있다.

폴리텍 대학은 2013년부터 40~60세 베이비부머를 대상으로 보일러 특수용접, 전기공사, 물류, 전기통신설비 등 기술교육을 실시하고 있으며, 서울시는 '시니어 사회공헌 리더 프로그램'을 운영하면서 재능기부자들의 인력풀을 구축하고 있다. 모 중견기업 전무로 퇴직한 P씨(62세)는 "내가 50대 중반에 전기공사 자격증을 취득하지 않았다면 60세가 넘어 이렇게 계속 일하기 힘들었을 것이다"라고 말할 만큼 앞으로는 금전, 건강, 여가뿐만 아니라 직업과 일에 대한 인생설계도 꾸준히 해야 한다.

자격증! 제2의 생애설계!

직장인 설문에 의하면 직장인의 70%가 '미래를 위해 자격증을 취득하겠다'고 말한 것으로 나타났다. 이처럼 자격증은 인생 2막을 준비하는 방법 중 하나로, 중요한 부분을 차지하고 있다. 자격증을 따기 위해서는 이전에 시장조사가 필요하다. 자격증은 종류에 따라 정신적, 물리적, 심리적으로 영향을 주는 경우가 많아, 자격증을 취득하기 전에 사전에 치밀한 시장조사가 필요하다.

자격증 취득 전에 알아야 할 것들

- 취득하고자 하는 분야에 기초능력과 일반지식, 학력이 있는가?

- 개인적인 능력, 적성, 홍미, 가치관에 맞는가?

- 기술 자격증이라면 그에 따르는 특수 지식과 능력은 있는가?

- 해당 자격증의 직업 전망과 임금, 일의 강도, 업무 환경 등은 어떠한가?
- 자격증이 고용시장에서 인정받을 수 있는 등급(1급 또는 2급)은 어떻게 되는가?
- 연령 제한은 없는가?

중견기업 경영관리자로 퇴직한 W씨(47세)는 자격증을 취득하면 취업이 쉽다는 주위의 말을 듣고 지게차 운전자격증을 취득했다. 하지만 막상 일을 하려다 보니 현장에서는 경력이 최소 2년 이상인 사람만을 선호해 취업이 쉽지 않았으며, 최근엔 건설경기까지 좋지 않다 보니 할 수 없이 그 일을 포기하게 되었다. 이처럼 사전에 직업전망, 업무환경, 취업가능성 등 치밀한 조사를 소홀히 한다면 장롱자격증이 될 가능성이 생긴다.

자신이 잘할 수 있는 분야를 선택하라

자격증은 기존 경력과 관련된 자격증을 취득하면 좀 더 유리할 수 있다. 즉 복지관련 경력이 있다면 요양보호사, 사회복지사, 직업상담사 자격증을, 공공기관이나 대기업에 오랫동안 근무했다면 경영관리사, 주택관리사, 법무사, 세무사, 금융관련 자격증을, 기술 및 IT, 건설, 환경, 정보통신 분야에서 오래 일했다면 전문 분야에서 인정하는 자격증을 습득한다.

만약 여행을 좋아하고 외국어가 능숙하다면 관광 통역사 자격증 및 병원코디네이터 자격증이 좋고, 화장품 업종에 오랫동안 근무한 사람은 피부관리사 자격증, 병원 코디네이터 자격증을 추천한다. 경찰, 군인 출신이라면 보안 및 경비지도사 자격 등으로 자신의 경력과 연결된 유사 자격증을 취득하면 좀 더 유리할 수 있다.

국가에서 인정받는 자격증을 취득하라

자격증은 경제적, 시간적 투자가 병행되기 때문에 국가에서 인정하는 자격증을 취득하는 것이 좋으며, 그 외의 순수 민간자격증은 고용시장에서 인정받을 수 있는 자격증인지 조사하는 것이 필요하다.

예를 들어 산업안전기사, 소방설비기사, 폐기물처리기사는 법적의무 조항이 있는 자격증이며 그밖에 공인회계사, 법무사, 변리사, 세무사는 사회적으로 인정받는 자격증이나 취득 기간이 길고 취득이 어려운 자격증이다.

또한 자격증은 국내외 경계상황 및 산업발전과도 연결이 되어 있어 취득 전에 산업인력관리공단 및 한국고용정보원에서 발간되는 자료와 통계를 참조하는 것도 좋은 방법이다. 통계에 의하면 금융, 경영, 복지, IT, 마케팅, 의료, 서비스, 관광, 상담분야는 유망 직업과 유망 자격증 분야로 제시되고 있다.

창업형 자격증은 인증기관이 얼마나 공신력이 있는지, 인기와 유행에 따라 선택하는 것은 아닌지, 자신의 적성과 흥미, 가치관에는 맞는지에 대해 살펴봐야 한다. 창업형 자격증은 감정평가사, 공인중개사, 보험중개인, 법무사, 안경사, 세무사, 행정사, 기술지도사 조리사, 미용 관련 자격증, 바리스타 자격증, 피부관리사, 푸드스타일리스트, 애견미용사 등이 있다.

최근에 중장년층 사이에 유행하는 자격증이 있다면 시설, 기계, 사회복지, 보안, 상담과 관련된 자격증이다. 시설 분야는 전기기능사, 보일러 기능사, 가스기능사 등으로 자격 취득 후 빌딩이나 상가에 근무하는 경우가 많다. 하지만 단지 빌딩이나 건물관리만을 목표로 한다면 소방안전교육(방화관리자), 위험물 안전, 가스안전 교육 수료만으로도 일정 자격을 인정받아 일하는 경우도 있다. 그밖에 위험물안전기사인 경우는 가스관련 회사 또는 가스충전소, 가스차량관리 분야에 취업이 가능하며, 특히 위험물 안전관리 자격증인 경우는 대규모 아파트에서 선호하는 자격증이다.

시설관리 분야는 빌딩경영관리사와 한국건물종합관리사가 있는데 빌딩경영관리사는 빌딩관리원으로 일할 수 있으나, 건물종합관리사는 서울·경기지역의 각종 빌딩과 상가건물, 오피스텔 등의 관리소장으로 일할 수 있다. 특히 빌딩 및 상가건물, 오피스텔의 관리소장은 관리비 징수에서 부터 주차관리, 전기, 경비 등 종합적인 관리를 수행하는데 연령에도 크게 제한받지 않아 중견세대라면 도전할 만하다. 주택관리사는 오히려 전기기능사가 자격을 취득한 사람이 관리소장으로 근무하는 경우도 많다. 한국 열관리협회 등에서 시행하는 각종 시험과 교육 등은 과거에 유사 분야에 근무한 경력자일 경우 단시간 교육만으로도 현장에서 일할 수 있는 자격을 부여한다.

그밖에 공경매사, 국가공인신용관리사, 자산관리사, 사회복지사 1급, 물류관리사, 유통관리사 2급, 구매자재 관리사, 국제물류사, 산업보안관리사, 전자상거래관리사, 국가공인CS 관리사, 유기농업기능사, 경비지도사, 한자한문학습지도사, 실천예절지도사, 교통사고감정사, 산업보안관리사 등도 중장년층들의 관심이 늘고 있는 자격증이다.

자격 및 훈련기관 사이트

한국산업인력관리공단: www.q-net.or.kr
대한상공회의소: http://license.korcham.net
직업개발능력훈련정보망: www.hrd.go.kr

정부가 마련한 직업훈련 프로그램에 참여하는 경우에는 훈련 과정을 일부 무료로 받을 수 있으며, 훈련 과정에 따라 훈련수당도 받을 수 있다. 자격증 취득을 위한 기술, 기능훈련, 미래첨단, 고급인력수요에 대비한 전문 분야 과정, 사무, 행정 등 관리 분야, 서비스분야 과정, 소규모자본의 창업지원을 위한 일반과정, 귀농희망자를 위한 과정 등 해마다 다양한 과정들이 진행되고 있다.

자격증 및 직업훈련 소개

구분	특징
국가기술자격	국가기술자격법에 따라 부여하는 자격으로 한국산업인력 공단, 대한상공회의소, 한국인터넷 진흥원, 한국기술자격검정원 등에서 시행. 예)제과제빵, 도장·도금, 건설기계운전 등
국가전문자격	국가가 개별 법률에 따라 부여하는 자격으로 각 중앙부처에서 주관, 관리하는 자격증. 예)간호사, 사회복지사, 경영지도사, 경비지도사 등
국가공인 민간자격	자격 기본법에 근거하여 국가가 공인한 민간 자격으로 국가 자격과 동등한 대우를 해줌. 삼성SDS, 신용정보협회, 한국열관리사협회, 한국세무사회 등. 예)신용관리사, 행정관리사, 세무사
등록 민간자격	사내 자격을 포함, 민간단체, 법인, 개인이 임의로 부여하는 자격증, 한국생산성본부, 한국금융연수원, 한국 외국어 능력 평가원 등. 예) 파티플래너, 요가지도사, 바리스타
외국기업 자격증	마이크로소프트, 오라클, 노벨 등 정보통신 자격, 실질적으로 상품가치 인정, 신뢰도가 높다.

자신의 이미지를 업UP시켜라

중견세대들의 이미지는 취업활동에 얼굴 역할을 한다. 하지만 대부분의 중견세대들은 실직과 동시에 외모에 신경을 쓰지 않는 경우가 많다. 일단 남자들은 실직을 하면 과거에 임원이었는지가 의심스러울 정도로 이미지가 순식간에 변한다. 하지만 취업을 한 후에는 언제 그랬냐는 듯이 머리끝부터 발끝까지 달라지는 경우가 많다. 취업활동도 사회활동인 만큼 어느 날 갑자기 이미지가 변하는 것보다 늘 기본 이상은 유지하는 것이 필요하다.

잘생긴 얼굴보다 인상이다

엘버트 메라비언 미 캘리포니아대 교수는 사람의 첫인상을 좌우하는 시간이 단 7초라고 했다.

중견세대의 첫인상은 잘 생겼다는 느낌보다 인상 좋다는 느낌을 줄 정도로 '인상'이 아주 중요하다. 하지만 인상은 사람의 내면을 표현하는 그림책과 같아 하루아침에 만들어지지 않는다. 영국 귀족들은 좋은 인상을 연출하기 위해서 이마에 주름이 가더라도 웃을 때나 말을 할 때 눈과 눈썹을 올리는 훈련을 한다고 한다.

이미지 강사 P씨는 구직기간 동안 웃을 일이 없어 근육이 굳은 상태라면, 〈개그 콘서트〉를 보면서라도 억지로 웃으라고 말했다. 이렇듯 인상은 웃는 표정에서부터 출발한다. 모든 사람들이 인상이 다 좋을 수는 없지만 취업활동만큼은 인상이 좋아서 손해 보는 경우는 한 번도 없었다.

말은 많이 하기보다 잘해야 한다

보통 남자 나이 50세가 넘으면 여성처럼 말이 많아진다고 하는데 센터로 찾아오는 구직자 중에 일부 중견세대들은 정말 말이 많은 사람들이 있다. 사실 말을 많이 해서 문제가 아니라, 쓸데없는 말을 많이 해서 문제가 된다.

면접 시 한 마디 질문하면 열 마디로 대답하는 사람, 반대로 질문을 했는데도 건성으로 대답하는 사람, 목소리 톤이 큰 사람, 목소리에 힘이 없는 사람, 말이 고압적인 사람, 자신 없는 목소리로 대답하는 등 사회생활은 오랫동안 했지만 말이란 쉽게 고쳐지는 것이 아님을 생각하게 된다.

말은 내용, 톤, 속도, 어조 등이 있는데, 말은 첫째, 상대방의 말을 경청하는 마음이 중요하며 톤은 낮으면서 속도는 상대방의 속도와 보조를 맞추는 것이 필요하다. 또한 말의 내용은 논리적이면서 설득력 있게 핵심만 말하는 것이 좋다.

2012년에 구직자 K씨(51세)와 함께 동행면접을 진행한 적이 있다. 기업체 사장은 목소리가 작고 말의 속도도 아주 느린 사람이었으나, K씨의 목소리는 두 옥타브가 높아 사장보다 더 크게 말하고 속도도 더 빨랐다. 사장과 구직자가 주객이 전도된 분위기였다. 면접에서는 청각적 요소가 45%를 차지한다. 목소리 톤이 크다 보면 고집스럽고 자기주장이 강한 사람처럼 인식되며, 반대로 목소리가 작으면 자신감과 열정이 없어 보인다.

목소리 속도는 가급적 면접관의 속도와 맞추는 것이 좋다. 즉 면접관이 빠른 속도로 말하는데 오히려 구직자가 느리게 말하면 열정이 부족하고 답답할 때가 있으며, 반대로 천천히 말하는 면접관에게 속도를 내서 말하면 오히려 경솔하고 가볍게 보일 수가 있다.

중견세대들의 조직생활은 대부분 말로 이루어지기 때문에 회사의 성과와 실적에도 영향을 미친다. 때문에 면접에 성공하기 위해서는 질문의 답을 연습하는 것도 중요하나 면접 시 의사소통 스킬을 사전에 철저히 훈련하는 것도 필요하다.

S중견기업 인사총괄이사는 면접 시 회장이 가장 먼저 보는 것이 있다면 구직자의 외모라고 말했다. 대부분 관리자들은 대외 업무가 많고, 외부 사람들과 비즈니스를 하다 보니 기본적인 이미지가 아주 중요하다는 것이다. S사뿐만 아니라 다른 기업체 채용담당자 역시 노골적으로 옷을 못 입고 오는 면접자들은 채용을 안 한다고 말할 정도로 외모에 대한 비중은 갈수록 증가하고 있다. 비즈니스에서는 협상, 거래, 계약 등 그 사람이 회사의 얼굴이고, 그 사람이 회사를 대표하다 보니 외모가 마음에 안 들면 채용하는 데 갈등이 있다는 것이다.

면접에서 시각적 요소는 55%를 차지할 정도로 매우 큰 비중을 차지하는데 중견세대들이 기본적으로 관리해야 될 이미지는 다음과 같다.

복장

복장은 그 사람의 긍정적 이미지, 사회생활의 매너, 성과의 요소, 자기표현 등으로 이해된다. 이미지 컨설턴트들은 옷을 잘 입는 사람은 주목도 받으면서 시선이 그 사람에게 향하게 한다고 했다. 마찬가지로 센터를 방문하는 구직자 중에서도 옷을 잘 맞춰 입은 사람은 상담사들도 좋은 이미지를 받는다.

면접이 잡혔다면 면접을 볼 때 양복은 검정이나 짙은 곤색이 무난하다. 와이셔츠는 양복에 맞춰 입되 흰색이나 푸른색이 무난하며, 회색 계열이나 브라운색은 비즈니스 이미지와 상반된 색깔이므로 피한다.

반팔 와이셔츠는 정장이 아니므로 면접 시 반팔은 피한다.

넥타이는 양복에 맞추되 원색이나 검정은 피한다. 특히 연령이 있어 보이는 화려한 무늬는 금물이다. 와이셔츠가 줄무늬면 넥타이는 밋밋한 것으로 맨다. 체형이 크면 큰 무늬, 작으면 잔잔한 무늬가 좋다. 양말은 바지 색깔에 맞춘다.

이력서용 사진은 양복 상의가 연하면 나이가 들어 보여 강한 인상을 주기 힘들다. 때문에 연한색이나 체크무늬보다는 단색인 짙은 색 양복이 좋다.

취업활동 기간이 오래되면 마음고생으로 인해 얼굴이 칙칙해지고 어두워지면서, 눈 밑의 다크서클도 깊어진다. 때문에 면접 당일은 피부 톤을 정돈해주는 화장품인 BB크림을 살짝 바르는 것도 단점을 보완하는 방법이다. 또한 바지 주머니에 물건을 넣지 않으며, 목걸이와 건강 팔찌는 면접 시 벗는 것이 좋다.

안경과 머리스타일

중견세대가 신경 써야 될 또 하나의 액세서리는 안경이다. 안경은 연령을 좌우하면서 지적으로 보이게도 하고, 고집스럽게 보이게도 한다. 이렇듯 안경은 사람의 인상을 좌우할 정도로 중요한 도구이다. 안경 크기가 얼굴에 비해 크면 세련미가 없고, 유행에 뒤처져 보이며, 안경테 색깔이 얼굴과 맞지 않을 경우는 기본 나이보다 다섯 살 이상 더 들어 보이게도 한다. 최근에는 저렴한 안경도 많이 출시되어 스타일에 따라 한두 개의 안경을 구입하는 것도 좋은 방법이며, 구입 시에는 안

경 매장 매니저가 권하는 안경을 추천받는 것도 나쁘지 않다.

머리는 평소라도 염색을 해야 한다. 일부 구직자들은 염색도 하지 않은 채 면접에 참여하는데, 중견세대들이 한 살이라도 젊어 보이려고 노력하는 것은 자기관리이자 면접에 임하는 적극적인 태도다. 또한 취업지원센터를 방문할 경우에도 머리를 염색하는 것이 좋은데, 머리 때문에 나이가 더 들어보이게 되면 상담사 역시 기업에 추천할 경우 적극적인 마음이 감소할 수 있기 때문이다. 최근에는 부작용이 거의 없는 염색약들이 판매되고 있어 집에서도 10~15분이면 간단히 끝낼 수 있다.

또한 머리숱이 없을 경우 나이가 더 들어보이므로 남자들도 퍼머로 숱을 풍성하게 보이게 할 필요가 있다. 담배를 피우는 경우는 면접 전에 반드시 양치와 껌으로 입 냄새를 제거해야 한다. 최근에는 금연하는 직장도 늘기 때문에 면접 전날은 평소에 피우던 담배 양도 줄이는 노력이 필요하다. 더불어 건강과 젊음을 위해 체중조절과 운동을 꾸준히 한다면 중견세대라도 10년은 더 젊게 일할 수 있다.

중장년 취업 성공자들이 전하는 취업 성공기술

1) 희망은 버리는 것이 아닌 잡는 것이다. 재취업에 자신을 가져라.

2) 실직 기간 동안에는 긍정적인 사람만 만나라. 그래야 힘을 얻을 수 있다.
   주위에 취업에 성공한 친구나 선배가 있다면 만나서 노하우를 공유하라.

3) 무조건 퇴사하기 전 재직 상태에서 직장을 구하라.

4) 지인의 도움을 받아라. 직장을 구하기 위해서는 주위 사람들의 도움이 절
   대적으로 필요하다.

5) 재취업기관의 도움을 받아라. 취업기술과 심리적 안정감을 가질 수 있다.

6) 중장년 채용박람회를 이용하라. 의외의 결과물을 얻을 수 있다.

7) 포털사이트를 통해 똑같은 이력서를 지원하기보다 이메일을 통해 개별 이
   력서로 지원하면 합격비율도 높아진다.

8) 각종 정부정책을 활용하고 취업프로그램도 수강하라. 전문가에게 이력서
   및 면접 클리닉을 받아라.

9) 눈높이를 낮춰라. 서울이 아닌 지방으로, 보수는 30% 이상 낮춰서, 직책도
   임원에서 부장으로 낮추는 등 시선보다 소신을 가져라. 그럼 기회가 반드
   시 온다.

10) 가족에게 자신의 상황에 대해 정확하게 알리고 문제를 풀어라. 가족의 지
    지와 격려를 받으면서 지출도 지혜롭게 하라.

11) 평소 인간관계를 잘 유지하라. 재취업의 성공률은 지인이 소개한 곳에서
    더 높아진다.

12) 과거에 집착하지 마라. 사직이든 권고든 긍정적으로 받아들이고 이전 회
    사에 서운한 감정을 피하면서 그 또한 인생의 살아가는 과정으로 여겨라.

13) 규칙적인 생활을 하라. 절대 집에 있지 마라. 집에 있으면 의기소침해지
    고 자신감을 잃게 된다. 도서관 등에서 독서 및 정보수집 등 자신에게 필
    요한 공부를 하라. 실직의 기간을 무언가 자신에게 부족한 부분을 보충하

는 시간으로 활용한다면 반드시 재취업의 길도 가까워진다.

14) 항상 웃어라! 매일 거울을 보면서 웃는 연습을 하라. 첫인상은 정말 중요하다. 노력 여하에 따라 충분히 밝은 인상으로 바꿀 수 있다.

15) 건강에 유의하라. 1주일에 1회 이상 운동하라.

16) 좌절하지 말고, 내 자신을 사랑하라. 스스로 자기를 격려하고 긍정적인 자세를 가져라. 종교생활을 하면서 마음의 안정과 평안을 갖는 것도 좋다.

중장년 취업 정보

전국 중장년일자리희망센터

지역	기관명	소재지	연락처
서울(7)	한국무역협회	서울 강남구 영동대로 511(삼성동) 무역센터 트레이드 타워 301호	02 – 6000 – 5396
	전국경제인연합회	서울 영등포구 여의대로 14(여의도동) KT빌딩 14층	02 – 6336 – 0613
	중소기업중앙회	서울 영등포구 은행로 30(여의도동)	02 – 2124 – 3292
	대한상공회의소	서울 중구 세종대로 39(남대문로4가)	02 – 6050 – 3122
	노사발전재단 서울센터	서울 마포구 마포대로 130 별정우체국연금관리단빌딩 6,7층	02 – 6021 – 1100
	노사발전재단 강남센터	서울 강남구 테헤란로 120 상경빌딩5층	02 – 3488 – 1900
	대한은퇴자협회	서울 광진구 아차산로 589	02 – 456 – 0308
인천 · 경기(4)	노사발전재단 인천센터	인천 남동구 남동대로 215번길 30 인천종합비즈니스센터 5층	032 – 260 – 3800
	노사발전재단 경기센터	수원 권선구 권광로 149 안동빌딩 3층	031 – 8014 – 8500
	평택상공회의소	경기 평택 평택로 149(신대동)	1899 – 1495
	고양상공회의소	고양 일산동구 중앙로 1275번길 38 – 31	031 – 969 – 5817
강원(1)	노사발전재단 강원센터	강원 원주 시청로1 원주시청 2층	033 – 735 – 0967
충청(3)	대전경총	대전 중구 계백로 1712(문화동) 기독교연합봉사회관 6층	042 – 253 – 7051
	충남북부상공회의소	충남 천안 서북구 광장로 215(불당동)	041 – 532 – 1563
	충북경총	충북 청주 상당구 무심동로 336번길 106	043 – 221 – 1397
영남(7)	노사발전재단 부산센터	부산 연제구 중앙대로 1081 재능빌딩 10~11층	051 – 860 – 1300
	부산경총	부산 부산진구 범일로 176(범천1동)	051 – 647 – 0452
	경남경총	창원 성산구 창원대로 754(외동)	055 – 263 – 0283
	양산울산경총	울산 남구 대학로 60A동 3층(무거동)	052 – 277 – 9491
	노사발전재단 대구센터	대구 서구 서대구로128 대구경총회관 6층	053 – 550 – 3000
	경북경총	경북 구미1 공단로 135	054 – 461 – 5519
	경북동부경총	경북 포항 남구 시청로 8	054 – 727 – 2022
호남(3)	광주경총	광주 남구 중앙로 87 KBC 광주방송 7층	062 – 654 – 3430
	노사발전재단 전주센터	전주 완산구 효자로 225 전북도청 2층	063 – 222 – 1840
	목포상공회의소	전남 목포 해안로 173번길 29(중동2가)	061 – 242 – 8581

공공·민간 중장년 취업지원서비스 기관

구분	내용	비고
중장년일자리 희망센터	40대 이상 중장년 퇴직(예정)자에게 취업, 창업, 생애설계지원 등의 종합전직지원서비스 제공	전국25개소 운영 www.4060job.or.kr (지역별 센터현황은 앞 페이지 참조)
고용노동부 고용센터	취업상담, 일자리소개, 직업훈련, 생계 안정지원 등 종합취업지원서비스제공	전국 82개소 운영 www.work.go.kr/jobcenter
장년(고령자) 인재은행	50세 이상 중장년 취업능력 향상프로그램 진행 및 일자리 알선	전국 54개소 운영
서울시일자리플러스	서울시민을 대상으로 취업/창업상담, 시니어 인턴, 사회적일자리 지원 등의 종합취업지원서비스제공	서울지역 25개 자치구 운영 http://job.seoul.go.kr
경기 일자리지원센터	경기지역주민을 위한 취업 및 창업 등 원스톱 통합서비스제공	경기지역 31개소, 200여 개 유관 기관 www.intoin.or.kr
한국노인인력 개발원	노인 일자리사업 및 서비스 제공, 사회공헌사업, 자원봉사, 인적자원개발, 인력파견사업 등	전국 6본부운영 www.kordi.go.kr
코이카(KOICA) 취업지원센터	전문인력 개도국 해외 파견사업, 개도국 해외봉사단 사업, 국제기구협력사업 등	www.koica.go.kr
국방취업지원단	하사 이상 전역 예정 간부들의 취업사업, 취업상담, 취업알선, 박람회, 교육 등	www.mndjob.or.kr
제대군인센터	제대군인 취업지원서비스 취업 및 창업서비스, 교육, 훈련 등	전국6개 권역서비스 www.vnet.go.kr
퇴직공무원지원센터	퇴직공무원 일자리, 교육, 상담, 사회참여 지원	전국 11개 권역서비스 www.g-senior.kr
해외건설협회	건설인력정보제공, 업체정보 및 교육서비스 구인구직 알선서비스	www.icak.or.kr
고 경력과학기술인 지원센터	중장년 고 경력과학기술인력 중소기업 취업알선 및 정보제공, 학술지 번역 등	www.rsec.or.kr
(사)벤처기업협회	50세 이상 중견인력 재취업사업(중장년 인턴) 진행	www.venture.or.kr
이노비즈협회	50세 이상 중견인력 재취업사업(중장년 인턴) 진행	www.innobiz.or.kr
(주)제이엠커리어	기업전직지원 및 공공사업 운영, 버크만 직업심리 검사진행	www.jmcareer.co.kr
인지어스(유)	기업전직지원 및 공공사업 운영	www.ingeus.co.kr

중장년 주요 취업지원사업

구분	내용	비고
중견인력 재취업사업	• 50세 이상 장년구직자에게 중소기업 인턴 연수를 통해 정규직으로 채용될 수 있도록 기회 제공	전국53개소 사업진행
사회공헌형 일자리지원사업	• 유급근로와 자원봉사를 결합한 모델로, 비교적 생계걱정이 없는 봉사 성격의 일자리 • 식비, 교통비 등 활동실비지원	한국사회적기업진흥원 031-697-7700 (사)복지네트워크협의회 02-6369-8987
취업성공 패키지사업	• 50세 이상 취업취약계층을 위한 상담, 교육, 취업 지원 등 통합적인 취업지원서비스 제공 • 참여수당, 직업훈련수당, 취업성공수당 지급	고용노동부 대표번호:1350 www.work.go.kr/pkg
직업능력개발 계좌제	• 취업능력 향상을 원하는 분들에게 내일배움카드(직업능력개발계좌제)로 직업능력개발의 기회제공 • 훈련비의 70~50% 지원: 1년간 200만 원 지원(취업성공패키지 참여자 300만 원)	고용노동부 직업능력개발훈련정보망 www.hrd.go.kr
시니어 창업지원사업	• 40세 이상 중장년의 창업지원사업 • 창업, 취업정보 제공, 창업스쿨, 비즈플라자, 비즈멘토, 커뮤니티지원 등 • 컨설팅, 지식서비스, 스포츠레저, 실버도우미, 귀농서비스, 복지지원 등 40개 업종	www.seniorok.kr
서울시 중소기업 인턴 및 미취업자 지원사업	• 무역인턴: 18세 이상, 시니어 인턴 50-59세 으로 월 100-140만 원 지원	서울시 일자리플러스센터 창업취업지원과 job.seoul.go.kr
귀농, 귀촌사업	• 맞춤상담, 농촌체험, 빈집정보, 자금지원 정보제공 등 • 교육, 자금지원: 3주-3개월 귀농 교육 및 농업기반 자금 지원	귀농,귀촌종합센터 www.returnfarm.com 1577-9597

시니어 창업 비즈플라자

지역	주소	전화
서울 은평구	서울 은평구 은평로 21길 52 은평구청 제3별관	02 – 6015 – 9343,9690
서울 마포구	서울 마포구 백범로 35 마포창업복지관 6층	070 – 7727 – 4100
서울 노원구	서울 노원구 공릉길 138 서울테크노파크 12층	02 – 944 – 6032,6038
경기 수원시	수원시 팔달구 수원천로 255번길 6 영동시장 2층	031 – 241 – 1713~5
경기 의정부	경기 의정부시 경의로 114 영빈빌딩 4층	031 – 828 – 8877
부산 사하구	부산시 사하구 낙동대로 498 초이스빌딩 4층	051 – 205 – 1014

고령자 우선고용직종(55세 이상)

구분	내용	비고
공공 분야	공익형	초등학교 아동안전보호도우미, 지역사회 환경개선보호원, 지역사회 문화재관리지원사, 지하철이용질서 계도자, 주정차 질서 계도자, 도서관 관리지원자, 생활근린시설 관리지원자, 의료 및 복지시설 관리지원자, 기타 지역특화사업 종사자, 자전거 보관관리 및 수리지원자, 행정조사원, 안내 교환원, 고객상담, 통계사무원, 공공도서관 주말·야간서비스, 퇴직공무원들의 시험관리관, 시정감시 모니터 요원, 기간제 교원, 문화교실 강사 등 활용
	교육형	1–3세대 강사, 노–노 교육강사, 체육건강 강사, 신문활용(NIE) 교육종사자, 숲 생태해설사, 문화재 해설사, 안내지원자, 해외이주자지원도우미
	복지형	거동불편노인 돌봄이, 생활시설이용자 돌봄이, 노인학대 예방사, 장애인 돌봄이, 아동·청소년 돌봄이, 지역아동센터 돌봄이, 다문화가정 지도사
민간 분야	시장형	식품제조 및 판매사, 특산물제작 및 판매사, 공산품제작 및 판매사, 아파트택배, 지하철택배, 세차원, 세탁사, 영농업 지역영농사업
	인력파견형	시험감독관, 주례사, 가사도우미, 농어촌일손도우미, 주유원, 경비원, 청소 및 미화원, 골프코스관리원, 호텔룸메이드, 조식관리어부, 지표조사 및 발굴조사

출처: 보건복지가족부(2010), 2010년 노인보건복지사업 안내
운영기관: 한국노인인력개발원 www.kordi.go.kr

중장년 채용사업 소개

구분	채용 내용	채용 시기 (변동가능)
한국무역협회	[해외마케팅자문사업] 대기업 및 중견기업에서 20년 이상 해외마케팅경력자로 수출기업 자문역으로 활동	2월
한국무역진흥공사 (KOTRA)	[해외투자진출기업 컨설턴트 채용] 국내중견,대기업을 퇴직한 해외사업 및 해외근무 유경험자	6월, 10월
중소기업 진흥공단	[FTA 수출컨설턴트사업 및 중소기업수출도우미 사업] 외교관, 종합상사, 대기업, 은행, 공공기관 등 해외지사 근무 경력 5~10년 이상인 퇴직인력	3월
한국정보통신 진흥협회	[퇴직전문가 개도국 해외파견사업] 1942년 이후출생자로 공공부문 기 퇴직자, 민간부분 10년 경력 및 상응경력자, 현지어 또는 영어 가능자, 해외단신 부임가능자로 개도국파견	5월
	[벤처기업 글로벌 창업 및 해외진출지원 사업] 해외사업수행을 위한 전문성과 글로벌역량을 갖춘 전문가 모집 (변호사, 변리사, 회계사, 통번역사, 해외지역전문가)	7월
한국국제협력단 (KOICA)	[국내퇴직인력(예정) 해외진출 활성화 및 개도국파견사업] 경제, 관광, 병원, 보건, 에너지, 경영, 교육일반, 농업(일반), 정보화(일반) 등 25개국 24개 직종 82개 파견	8월
한국산업인력공단	[청년층의 해외 취업 및 창업지원 K-MOVE 멘토단 사업] 취업에 필요한 역량(언어, 직무), 해외취업에 필요한 준비사항 컨설팅, 2년 이상 해외에서 취업, 창업경험	7월
대한상공회의소	[중장년 산업체 퇴직전문인력 채용사업] 마이스터·특성화고 강사 및 취업지원관으로 대기업, 중소기업, 금융권 등 산업체 경력퇴직자 채용	5월
행정자치부	[중앙부처국장~과장급개방형직원 채용] 공무원 및 민간근무경력 10년 이상인 자	7월
IBK기업은행	[시간제 100명 채용] 1일 4시간근로, 59세정년보장.학력/연령무관, 은행권 경력자 우선채용	7월
SKT	[베이비부머 창업지원프로그램] 만45세 이상 예비, 초기창업가 지원사업	
KT	[은퇴자 10만 명 IT양성 및 취약계층 지원사업] 구직활동에 필요한 컴퓨터, SNS 무료교육 및 취약계층·교육 기관·NGO에 연결, 그중 1,000명은 보수가 지급되는 재능 나눔 전문강사로 양성	(1577-0080, cafe.naver. com/sisonet)

중장년 채용사업은 지속적 상시적으로 운영되어 사업 및 채봉 시기는 변동될 수 있음
중장년 사업은 해마다 정부, 공공, 민간별로 신규 일자리가 창출되어 정보수집이 필요

주요 채용사이트

구분	사이트 명	사이트
고용노동부 중장년취업사이트	희망–넷	www.4060job.or.kr
한국무역협회 취업사이트	잡–투게더	www.jobtogether.net
취업포털사이트	워크넷	www.work.go.kr
	잡코리아	www.jobkorea.co.kr
	사람인	www.saramin.co.kr
	인크루트	www.incruit.co.kr
헤드헌터	유엔 파트너즈	www.younpartners.com
	커리어 케어	www.careercare.co.kr
	엔터웨이	www.nterway.co.kr
	콘페리 인터내셔널	www.kornferry.com
	하이드릭&스트러글스	www.heidrick.com
	HR KOREA	www.hrkorea.co.kr
	피앤이 컨설팅	www.pneconsulting.co.kr
무역 · 물류	트레이드인	http://www.tradein.co.kr/
	쉽잡	http://www.shipjob.co.kr/
재경	어카운팅피플(회계)	accountingpeople.co.kr
	한국세무사회 인력뱅크	kacpta.or.kr
건설	건설워커	worker.co.kr
	건설 취업의 모든것	www.conjob.co.kr
	건설–잡	www.c114.com/job/
디자인	패션비즈	fashionbiz.co.kr
	패션워크	fashionwork.co.kr
	패션스카우트	fashionscout.co.kr
여성	우먼피아	womenpia.com
	여성인력개발센터	www.vocation.or.kr
시니어 일자리정보	한국노인인력개발원	www.kordi.or.kr
	서울시고령자취업알선센터	www.noinjob.or.kr
사회복지	복지넷	bokji.net
	한국사회복지사협회	http://www.welfare.net/

구분	사이트 명	사이트
보건,의료 전 분야	의료직, 의사	medicaljob.co.kr
	메드잡	medjobnews.com
교육기관	티엔티잡(교육기관)	http://www.tntjob.co.kr/
	강사-넷	http://www.gangsa.net/
기타 직종 사이트	뉴랜서(프리랜서)	http://www.newlancer.com/
	제약 사이트"바이오잡"	http://www.biojob.co.kr/
	사무잡	www.samujob.co,.kr
	호텔 잡	www.hoteljob.co.kr
	기술취업전문 케이티잡	ktjob.co.kr
	유통/샵마스터	www.shopma.net
	중소기업취업전문사이트	www.findjob.co.kr
	미디어	www.mediajob.co.kr
	웹/편집	www.designerjob.co.kr
	잡드라이버스(운전직)	http://www.jobdrivers.com/
	세이프잡(경비, 안전관리자)	http://www.safejob.co.kr/
	시크루트(경호,경비)	http://www.secruit.com/
	시설관리취업센터	http://www.sisuljob.co.kr/
	두드림(아파트관리, 경비)	http://www.dd3.co.kr/
	워크랜드(관리보안)	http://work-land.com/
연봉정보	파워잡	powerjob.co.kr
	페이오픈	payopen.co.kr
재무정보	전자공시시스템	http://dart.fss.or.kr/
	신용평가	www.ksline.com
창업사이트	중소기업청소상공인지원센터 (창업가이드)	sbdc.or.kr
	(사)한국창업경영컨설팅협회(창업상담)	www.kmca.net
	한국능률협회(창업상담)	www.kma.or.kr
	기술신용보증기금(창업자금)	www.klbo.co.kr
	중소기업진흥공단(창업자금)	www.sbc.or.kr

김부장, 재취업 성공의 비밀

초판 1쇄 인쇄 2013년 8월 26일 초판 1쇄 발행 2013년 8월 30일

지은이 김영희 펴낸이 연준혁

출판 2분사 분사장 이부연
책임편집 우지현 디자인 강경신
제작 이재승

펴낸곳 (주)위즈덤하우스 출판등록 2000년 5월 23일 제13-1071호
주소 경기도 고양시 일산동구 장항동 846번지 센트럴프라자 6층
전화 031)936-4000 팩스 031)903-3893 홈페이지 www.wisdomhouse.co.kr
종이 월드페이퍼 인쇄·제본 현문 후가공 이지앤비

값 13,000원   ISBN 978-89-6086-617-1 13320

* 잘못된 책은 바꿔드립니다.
* 이 책의 전부 또는 일부 내용을 재사용하려면
  사전에 저작권자와 (주)위즈덤하우스의 동의를 받아야 합니다.

국립중앙도서관 출판시도서목록(CIP)

김 부장, 재취업 성공의 비밀 / 지은이: 김영희. —— 고양
 : 위즈덤하우스, 2013
   p. ;   cm

ISBN 978-89-6086-617-1 13320 : ₩13000

재취업[再就業]

321.52-KDC5
331.8-DDC21   CIP2013015658